München

von Ischta Lehmann

W0173696

 ADAC Top Tipps

Das müssen Sie gesehen haben!
Die zehn Top Tipps bringen Sie
zu den absoluten Highlights.

 ADAC Empfehlungen

Unterwegs gut beraten: Diese
25 ausgesuchten Empfehlungen
machen Ihren Urlaub perfekt.

Preise für ein DZ mit Frühstück:
€ | bis 120 €
€€ | bis 200 €
€€€ | ab 200 €

Preise für ein Hauptgericht:
€ | bis 12 €
€€ | bis 20 €
€€€ | ab 20 €

■ Intro

■ ADAC Quickfinder

*Hier finden Sie die Orte, Sehens-
würdigkeiten und Attraktionen,
die perfekt zu Ihnen passen.*

■ Unterwegs

■ Service

Alle wichtigen reisepraktischen Informationen – von der Anreise über Notrufnummern bis hin zu den Zollbestimmungen.

Zu diesen Orten und Sehenswürdigkeiten finden Sie Detailkarten im Innenteil des Reiseführers.

Umschlag:

ADAC Top Tipps: Vordere Umschlagklappe, innen **1**

ADAC Empfehlungen: Hintere Umschlagklappe, innen **2**

Übersichtskarte Altstadt: Vordere Umschlagklappe, innen **3**
Übersichtskarte Innenstadt: Hintere Umschlagklappe, innen **4**

Verkehrslinienplan München: Hintere Umschlagklappe, außen **5**
Ein Tag in München: Vordere Umschlagklappe, außen **6**

Der ganz spezielle Zauber der Isar-Metropole

Traditionsbewusst, gemütlich und trotzdem modern: In München lassen sich Geschichte und Genuss aufs Schönste kombinieren

Bei Föhnwind reicht der Blick von Ludwigstraße und Odeonsplatz bis zu den Alpen

München ist Millionenmetropole, Landeshauptstadt und Wirtschaftszentrum – und trotzdem so gemütlich: Die Stadt macht es einem leicht, sich hier wohlzufühlen. Weil man in typisch bayerischen Biergärten unter Kastanienbäumen bei einer Maß Bier den lieben Gott einen guten Mann sein lassen kann. Oder am Ufer der Isar in Naturidylle spazieren gehen und entspannen kann. Weil man bei gutem Wetter auf den Stufen der Glyptothek oder am Rondell am Gärtnerplatz wunderbar in die Sonne blinzeln kann.

Und die »nördlichste Stadt Italiens« ist München mit seinem Hang zum Dolce Vita sowieso. In zahlreichen Restaurants, Cafés und Bars genießen Einheimische ebenso wie Besucher hier das süße Leben. Dabei wird die Isar-Metropole ihrem Ruf als Millionendorf auf das Allerschönste gerecht: In der Innenstadt ist nämlich alles wunderbar zu Fuß erreichbar. Und in Stadtvierteln wie der Au oder Haidhausen erlebt man dörfliches Flair mit kleinen Marktplätzen und Gassen. Selbst an einem höchst urbanen Ort wie dem Rotkreuzplatz in Neuhausen steht ein traditioneller Maibaum.

gentenstraße laden ebenso zum Flanieren ein wie das Isarufer oder schöne Parks wie der Englische Garten und der Westpark. Auf den Spuren der Wittelsbacher, jener adligen Familie, die in Bayern über 700 Jahre lang regierte, kann man etwa im Alten Hof, in der Residenz oder auf Schloss Nymphenburg wandeln. König Fußball regiert dagegen in der Allianz Arena, der Heimat des FC Bayern München. Und in der BMW Welt blinken zwar keine Kronjuwelen, dafür aber blankpolierte Traumautos von damals und heute.

Surfen auf der stehenden Eisbachwelle im Englischen Garten (oben) – Leckere Souvenirs: Lebkuchenherzen (unten)

Sehenswerte »Schmankerl«

Für Besucher tischt München ein Büfett an Köstlichkeiten auf: eine Altstadt voller interessanter Gebäude wie die Frauenkirche mit ihren markanten Türmen, der Marienplatz mit Altem und Neuem Rathaus, wo das berühmte Glockenspiel seine Runden dreht, oder der geschichtsträchtige Odeonsplatz. Prachtstraßen wie die Ludwig- und Leopoldstraße und die Prinzre-

Im Biergarten am Chinesischen Turm (oben) gibt es bayerische Spezialitäten wie Weißwurst und Brezen (unten) – Das Antiquarium der Residenz (Mitte)

in Kabaretts wie der Münchner Lach- und Schießgesellschaft gibt sich München angriffslustig und humorvoll. Außerdem punktet München mit herausragenden Theatern, einem Opernhaus von Weltruf, Konzerthäusern, Galerien und zahlreichen Museen – vom weltbekannten Deutschen Museum bis zu den berühmten Bayerischen Staatsgemäldesammlungen mit der Alten Pinakothek, der Neuen Pinakothek und der Pinakothek der Moderne. Im Kunstareal in der Maxvorstadt finden sich auf einem halben Quadratkilometer zahlreiche architektonische sowie kulturelle Highlights nur einen Katzensprung voneinander entfernt, so etwa der klassizistische Königsplatz mit der Glyptothek, den Antikensammlungen und den Propyläen oder das Museum Brandhorst der Berliner

Kunst und Kultur

Auch kulturell hat München viel zu bieten: Cineasten schätzen das jährlich stattfindende internationale Filmfest,

Architekten Sauerbruch Hutton, das von außen selbst wie ein modernes Kunstwerk aussieht.

Wenn möglich, sollte man sich die Stadt erlaufen oder zu weiter entfernten Punkten mit dem sehr gut ausgebauten öffentlichen Nahverkehr, mit U- und S-Bahnen, Bussen oder Straßenbahnen fahren. Auch eine gute Idee ist es, mit dem Fahrrad von A nach B zu fahren. Die schönen Radwege an der Isar etwa laden zu ausgedehnten Touren ein und auch das Areal des Olympiaparks lässt sich vom Sattel aus sehr gut erkunden.

Wie München tickt

Wäre München eine Frau, dann wohl eine gut gepolsterte, lebenslustige Dame, die es versteht zu genießen. Vogelwild ist sie deswegen aber nicht. Sie hat es auch gern ordentlich. Wer in München als Fußgänger aus Versehen

selbstvergessen auf einem Fahrradweg steht, erlebt es bisweilen, dass er mit einem strengen »Des is a Radlweg!« verscheucht wird.

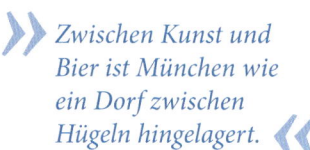

Zwischen Kunst und Bier ist München wie ein Dorf zwischen Hügeln hingelagert.

Heinrich Heine,
deutscher Schriftsteller

Wer zum ersten Mal nach München kommt, dem fällt auf, wie sauber die Stadt ist. Und die sicherste Großstadt ist München obendrein regelmäßig. Sicher? Auf jeden Fall. Spießig? Vielleicht – aber auf eine weltoffene, tolerante Art, die viel Platz für skurrile Originale lässt, vom Trachtler bis zum Hipster. Und zum Oktoberfest fühlt

Eingangswand Design Vision in der Neuen Sammlung der Pinakothek der Moderne

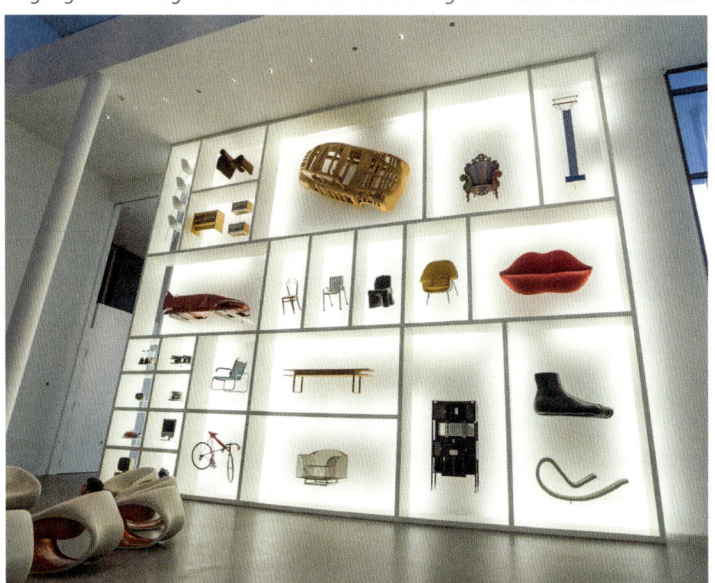

sich alljährlich die ganze Welt in München zuhause.

München ist eine Wirtschaftsmetropole von Rang – und trotzdem traditionsbewusst. Etwa in den Biergärten, wo nach wie vor der alte Brauch gilt: Essen darf man, was man sich selbst mitgebracht hat, nur getrunken wird, was der Wirt ausschenkt. Was nicht heißen soll, dass es in Biergärten nicht auch hervorragendes Essen gibt: zum Beispiel Steckerlfisch, Grillhendl oder der köstliche Camembert-Butter-Mix »Obazda« mit einer frischen Breze. Dies sind nur einige der typisch bayerischen Leckereien.

Lebendig und modern

München ist traditionsbewusst, der Blick hier aber keineswegs nur auf die Vergangenheit gerichtet. Die Stadt ist im ständigen Wandel. Vielleicht nicht so schnell wie in Berlin, aber auch hier öffnen Pop-up-Stores und verschwinden wieder, beliebte Kneipen glühen auf und schließen dann nach ein paar Monaten oder Jahren, und mit The Lovelace (S. 42) ist sogar ein ganzes Hotel zur kulturellen Zwischennutzung eines ehemaligen Bankgebäudes angetreten.

Wenn es ums Feiern geht, erobert sich die Szene selbstbewusst den öffentlichen Raum: Ob mit Partys unter einer Isar-Brücke, Treffen am Gärtnerplatz, oder einfach, indem man das Brückengeländer an der Hackerbrücke über den Bahngleisen zur abendlichen Chill-out-Zone erklärt und erklettert. Mitten im konservativen Bayern ist München stolz darauf, eine liberale Stadt zu sein.

Ein gemütliches Plätzchen: die Schumann's Bar im Bazargebäude am Odeonsplatz

Stadt, Land, Genuss

München ist ein teures Pflaster, keine Frage. Aber die Stadt hat einfach so vieles, was das schnell vergessen macht. Zum Beispiel diesen herrlichen Fluss mittendrin: Die Isar, die die Stadt von Südwest nach Nordost durchfließt, ist ein Quell der Freude – vor allem, seit der renaturierte Alpenfluss ein wenig von seiner Wildheit zurückgewonnen hat. Am Ufer auf Wiesen und in schönen Auenwäldern sieht man Jogger und Spaziergänger, Hundebesitzer und Radfahrer, im Sommer trifft man sich zum Baden oder Grillen auf den vielen Kiesbänken am Flussufer. Und als wäre all das nicht genug, gibt es dazu auch noch das prächtige Münchner Umland mit seinen schönen Badeseen und der herrlichen Voralpen-Landschaft.

Fläche 310,71 km², die Isar fließt von Südwest nach Nordost durch das Stadtgebiet.

Grünanlagen 13,3 % der Stadt

Höhe 519 m über dem Meeresspiegel (NN)

Gegründet 1158

Einwohnerzahl 1,5 Millionen

Tourismus Jedes Jahr kommen ca. 14 Mio. Besucher in die Landeshauptstadt und bescheren ihr Einnahmen von 7,4 Mrd. Euro.

Religion 32,4 % katholisch, 11,6 % evangelisch, 0,3 % jüdisch

Verwaltung Das Stadtgebiet ist in 25 Bezirke unterteilt. Regiert wird München bereits seit Jahrzehnten von der SPD, zurzeit von Oberbürgermeister Dieter Reiter. Im restlichen Bayern dominiert dagegen traditionell die CSU.

. . . .

Wichtigste Vokabeln
die »Wiesn« (= das Oktoberfest, Singular), »Servus« und »Grüß Gott«

Darin sind die Münchner Weltmeister
Fußball, Autos und Bier

Berühmteste Münchnerin
das Münchner Kindl

Oft gehörtes Sprichwort
»Wer ko, der ko« (Wer kann, der kann. – Franz Xaver Krenkl)

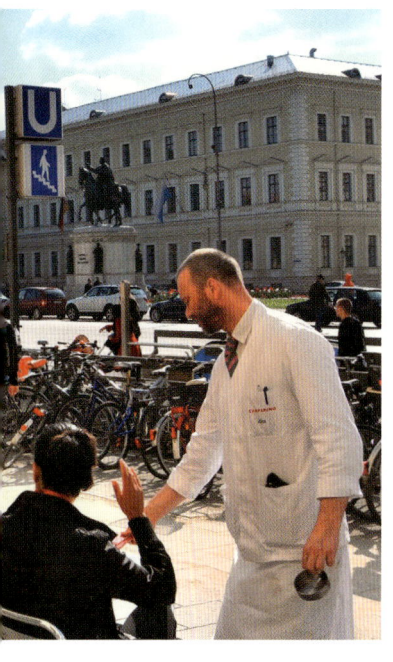

Das will ich erleben

L aptop und Lederhosen, Kunst und Kultur, mondänes Flair und dörfliches Idyll – außerdem viel Grün und weiß-blaue Gemütlichkeit: München hat wirklich für jeden Geschmack etwas zu bieten. Auf keinen Fall verpassen sollten Besucher die hochkarätigen Kunst- und Technikmuseen der Stadt, die Parks und Grünflächen, die zum Sonnen und Faulenzen einladen, sowie die vielen Aussichtspunkte, die an klaren Föhntagen einen fantastischen Fernblick auf die Alpen bieten. Und auch Architekturliebhaber und Nachtschwärmer kommen in der Isarmetropole voll auf ihre Kosten.

Weiß-blaue Gemütlichkeit

München ist Weltstadt. Doch das urbayerische Herz der Isarmetropole schlägt laut. Etwa werktags am frühen Morgen auf dem Viktualienmarkt, an warmen Sommertagen im gemütlichen Aumeister-Biergarten im Englischen Garten – oder im Spätsommer auf der Oidn Wiesn, der kleinen, zivilisierten Schwester des Oktoberfestes.

Moderne Kunst und alte Meister

München ist Museumsstadt. Liebhaber alter und neuer Malerei kommen im Kunstareal voll auf ihre Kosten. Die weltweit größte Sammlung zur Kunst des »Blauen Reiter« begeistert im Lenbachhaus. Am Puls der Zeit sind die Ausstellungen im Haus der Kunst, und immer wieder fesselnd ist das Programm der Kunsthalle München.

Wunderwerke der Technik

München ist Stadt der Innovationen. Wer Technik liebt, wird im Deutschen Museum mit einer Ausstellungsfläche von über 10 000 m² fündig. Die BMW Welt ist das Mekka aller Fans schnittiger Automobile bayerischer Herkunft. Fliegende Kisten und ihre Geschichten kann man in der Flugwerft Schleißheim bestaunen.

Fantastische Ausblicke

Im Café im Vorhoelzer Forum wird zum Ausblick noch ein Aperol Spritz oder Barista-Cappuccino serviert. Wer den Alten Peter erklimmt, wird mit einem fantastischen Altstadt-Panorama belohnt. Und an Föhntagen bietet der Olympiaberg Fernblick bis zu den Alpen.

Die Historie des Freistaats

Vor allem die Wittelsbacher haben die Stadt München geprägt. Sehr eindrucksvoll ist die Münchner Residenz, die bis 1918 Sitz der bayerischen Regenten war. Zuvor lenkten sie vom trutzigen Alten Hof aus die Geschicke des Landes. Flanieren und prunkvolle Barocksäle bestaunen kann man im Nymphenburger Schloss.

Trends und Szene

München ist hip – immer wieder aufs Neue und woanders. Im Sommer pulsieren das Leben und die Kunst rund um den Gärtnerplatz im Glockenbachviertel. Viel Flair hat auch das verwinkelte Münchner Westend, das sich oberhalb der Theresienwiese erstreckt.

Wegweisende Architektur

Hochhäuser, die verspiegelt in den Himmel ragen, sucht man in der Innenstadt vergeblich. Dennoch bietet die Stadt einzigartige Bauwerke: etwa das für die Olympischen Spiele 1972 errichtete Olympiastadion mit seinem atemberaubenden Zeltdach, die riesige Allianz Arena vor den Toren der Stadt oder die Ohel Jakob Synagoge.

Spaß für Familien

Wer mit Kindern unterwegs ist, braucht auch Alternativen zum »normalen« Sightseeing. Im Deutschen Museum finden Wissenschaftsfans jeden Alters spannende Exponate. Der Tierpark Hellabrunn ist bei schönem Wetter perfekt für einen isarnahen Spaziergang. Und die Bavaria Filmstadt bietet Highlights für Filmfans von Mini bis Maxi.

Isarflimmern

Die Isar ist die rauschende Lebensader der Stadt. Am Flaucher in Thalkirchen kann man grillen. Ein Paradies für Spaziergänger und Sonnenanbeter sind die Frühlingsanlagen. Einsam und naturnah zeigt sich die Isar im nördlichen Teil des Englischen Gartens.

Die besten Shoppingmeilen

In München gibt es alles, was das Herz begehrt – bekannte Marken und Traditionshäuser findet man in der Kaufingerstraße, Luxusartikel in der mondänen Maximilianstraße. Wer lieber gemütlich bummeln will, ist in der Hohenzollernstraße an der richtigen Adresse. Beliebt für Haushaltswaren und Trödel ist die Auer Dult.

Oasen der Ruhe

Lust auf eine Pause? Im Hofgarten kann man den Münchnern beim Boulespiel zusehen. Die Sonnendiebe im Englischen Garten vermieten Liegestühle – und der romantische Alte Südliche Friedhof lädt zum Flanieren ein.

Unterwegs

In der zur Fußgängerzone umgebauten Sendlinger Straße, der beliebten Einkaufsmeile zwischen Sendlinger Tor und Marienplatz, befindet sich das Stammhaus der Hacker-Pschorr-Brauerei

Die Innenstadt

Hier zeigt sich München von seiner imposanten Seite: mit der Residenz, dem Marienplatz und dem Viktualienmarkt

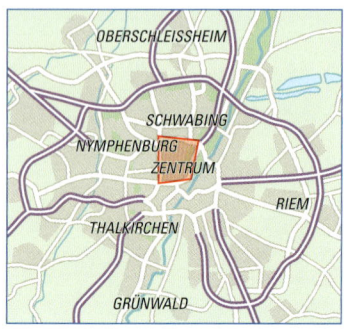

Willkommen im Herzen von München! Hier befinden sich die wichtigsten und ältesten Sehenswürdigkeiten der Stadt. Der Marienplatz war im Mittelalter der Marktplatz, heute ist er Zentrum der Fußgängerzone, und hier werden im Rathaus die Geschicke der Stadt gelenkt. Ein paar Schritte weiter, am Viktualienmarkt, stehen noch heute die Marktstände, der beste Ort, um frisches Obst, Gemüse – und frischgezapftes Bier zu bekommen. Mit der Residenz steht auch das Schloss der einstigen Kurfürsten und Könige in der Altstadt. Die aktuelle Politik des Freistaats wird in der Staatskanzlei am Hofgarten gemacht.

In diesem Kapitel:

ADAC Top Tipps:

1 **Marienplatz**
| Platz |
Das Herz Münchens, direkt in der Fußgängerzone. Das Glockenspiel am Rathausturm ist ein Muss! 18

2 **Residenz**
| Architektur |
Das größte Innenstadtschloss Deutschlands mit zahlreichen prunkvollen Exponaten der einstigen Kurfürsten und Könige. 25

3 **Frauenkirche**
| Kirche |
Die Domkirche mit den zwei Türmen mit den »Welschen Hauben« ist ein Wahrzeichen der Stadt. 33

4 **Viktualienmarkt**
| Markt |
Ein Schmankerlparadies mit Dorfflair, samt Maibaum und zentralstem Biergarten der Stadt. 34

ADAC Empfehlungen:

1 Marienplatz

Münchens Zentrum und Herz

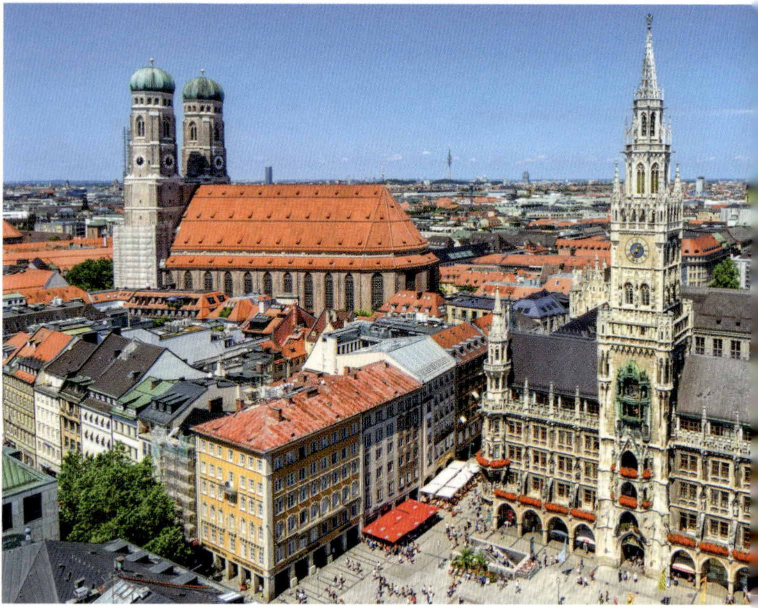

Frauenkirche und Neues Rathaus sind elegante Kulissen des Marienplatzes

i Information

- Tourist-Info im Rathaus (S. 129)
- U-/S-Bahn Marienplatz

1 *Platzensemble mit Mariensäule und Fischbrunnen*

Man kann nicht in München gewesen sein, ohne mindestens einmal auf dem Marienplatz gestanden zu haben. Das quirlige Herzstück der Fußgängerzone ist einfach ein Muss. Zu jeder Jahreszeit ist etwas geboten: vom Christkindlmarkt über die Meisterfeiern des FC Bayern bis zu politischen Veranstaltungen. Wo heute das städtische Leben pulsiert, traf einst der Transportweg des Salzhandels auf die Straße zwischen den Dörfern Sendling und Schwabing. 1315 erteilte Kaiser Ludwig der Bayer München die Marktfreiheit mit der Auflage, dass der Marienplatz »auf ewige Zeiten« unbebaut bliebe. Erst 1854 erhielt der Marienplatz seinen heutigen Namen.

Sehenswert

a Neues Rathaus

| Architektur |

Der neugotische Prachtbau von Architekt Georg von Hauberrisser an der Nordseite des Marienplatzes ist der Sitz des Münchner Oberbürgermeisters. Hat der FC Bayern (wieder einmal)

Plan
S. 20

b **Mariensäule**
| Denkmal |

Weil die Stadt während des Dreißigjährigen Krieges und der Besetzung durch die Schweden wie durch ein Wunder verschont geblieben war, ließ Kurfürst Maximilian I. im Jahr 1638 die Mariensäule errichten. Damit zog sich der Kurfürst den Zorn der Bürger zu: Schließlich mischte er sich damit in Stadtangelegenheiten ein. Aber schnell war die schmucke Marmorsäule heißgeliebt. Maria gilt als »Patrona Bavariae« (Schutzfrau Bayerns), am 1. Mai wird ihr zu Ehren in allen bayerischen Diözesen das Fest Patrona Bavariae gefeiert.

■ Marienplatz 22

c **Fischbrunnen**
| Brunnen |

Der Fischbrunnen erinnert an die Fischhändler, die im Mittelalter ihre Waren am Marienplatz verkauften. Wer

ADAC *Wussten Sie schon?*

Seit 1304 zierte ein Mönch das Münchner Stadtsiegel. Diese Abbildung näherte sich seit der Barockzeit immer mehr den Darstellungen des Jesuskindes an – bis sie irgendwann zum »**Münchner Kindl**« wurde. Zu sehen ist die Wappenfigur Münchens u. a. auf der Turmspitze des Neuen Rathauses. Um 21 Uhr wird zu musikalischer Begleitung das Münchner Kindl symbolisch zu Bett gebracht, begleitet von einem Nachtwächter und dem Friedensengel.

den Meistertitel geholt, zeigen sich die Spieler zur Feier auf dem Rathausbalkon. Doch nicht nur dann sind alle Augen auf das Rathaus gerichtet, sondern auch zweimal am Tag, wenn hier zum Klang des Glockenspiels die Figuren im Erker des Turms in Bewegung kommen (um 11 und 12 Uhr, von März bis Oktober zusätzlich um 17 Uhr): Zu sehen ist auf der unteren Etage der Tanz der Schäffler, oben das Ritterturnier zur Hochzeit von Herzog Wilhelm V. und Renate von Lothringen. Ein Lift bringt einen hoch in den 85 m hohen Turm zur Aussichtsgalerie.

■ Marienplatz 8, Rathausturm: Okt.–April Mo-Fr 10–17, Mai–Sept. tgl. 10–19 Uhr, 2,50 €, erm. 1 €

ADAC *Mobil*

Bei einer **Rikscha-Tour** sind Sie entspannt unterwegs an der frischen Luft. Ihr persönlicher Guide strampelt für Sie, entweder als Shuttleservice zu einem bestimmten Ziel, oder bei einer Rundfahrt, vorbei an vielen Sehenswürdigkeiten. Start ist am Marienplatz.
www.rikscha-muc.org

hier am Aschermittwoch seine Geldbörse auswäscht, muss – so heißt es – keine Angst mehr vor Armut haben.
■ Marienplatz 8

 Altes Rathaus
| Architektur |
Das Alte Rathaus ist 400 Jahre älter als das Neue Rathaus. Ein Vorläufer aus dem Jahr 1310 brannte ab, 1470 wurde es im spätgotischen Stil von Architekt

Jörg von Halspach, genannt Ganghofer, neu gestaltet. Einzig der Festsaal im ersten Stock ist originalgetreu restauriert. An fast allen anderen Stellen hinterließen Barock-, Renaissance- und Historismus-Stil ihre Spuren. Als die Stadtverwaltung 1874 ins Neue Rathaus einzog, wurde das Erdgeschoss des Alten Rathauses in eine Durchfahrt verwandelt. Zwei Hochkaräter blieben an den Fassaden erhalten: eine Statue Ludwigs des Bayern sowie eine von Heinrich dem Löwen.
■ Marienplatz 15

 St. Peter
| Kirche |
Vom Turm der ältesten Pfarrkirche Münchens, dem »Alten Peter«, aus hat man einen sagenhaften Blick über die Stadt, bei »Föhn« bis zu den Alpen. Aber auch im Inneren der Kirche gibt es einiges zu entdecken, etwa die Reli-

quien der Heiligen Munditia und den barocken Hochaltar. Die goldene Petrus-Figur stammt noch vom vorigen, gotischen Altar, und hat eine abnehmbare Tiara, die traditionell beim Tod des amtierenden Papstes bis zur Wahl seines Nachfolgers entfernt wird.

■ Rindermarkt 1, www.alterpeter.de, Mo–Fr 9–19.30, Sa, So 10–19.30 Uhr, Turmbesteigung: 3 €, erm. 1 €

 Restaurants

€€ | **Ratskeller** Traditionslokal seit 1874 in den Gewölbekellern unter dem Rathaus. Bayerische Küche. ■ Marienplatz 8, Tel. 089/21 99 89, www.ratskeller.com, tgl. 10–1 Uhr, Plan S. 20 b2

 Einkaufen

(1) **Ludwig Beck am Rathauseck** Der Name des einst königlichen bayerischen Hoflieferanten von Ludwig II. ziert heute ein Lifestyle-Kaufhaus für gehobene Mode, Accessoires und Musik. ■ Marienplatz 11, www.ludwigbeck.de, Plan S. 20 c2

 Kinder

Spielzeugmuseum Im Turm des Alten Rathauses werden seit 1983 Puppen, Modelleisenbahnen und Blechspielzeug vergangener Zeiten präsentiert. Mit Servus-Heimat-Geschäft (S.36). ■ Marienplatz 15, Tel. 089/29 40 01, tgl. 10–17.30 Uhr, 4 €, erm. 1 €, Plan S. 20 c2

 Events

Stadtgründungsfest Der Geburtstag der Stadt wird mit Musik und Kunsthandwerkermarkt gefeiert. ■ Marienplatz und Umgebung , Mitte Juni

ADAC *Mittendrin*

Beim Glockenspiel ist er jeden Tag zu sehen, »in echt« aber nur alle sieben Jahre: der **Tanz der Münchner Schäffler** auf dem Marienplatz. Ein Schäffler, d. h. ein Fassmacher, soll es 1517 gewesen sein, der die Münchner Bevölkerung mit seinem Tanz aufheiterte, als in der Stadt wieder einmal die Pest wütete. Standeskollegen schlossen sich ihm an, und mit der Zeit verbreitete sich der Tanz auch im restlichen Bayern. Das nächste Mal findet er 2019 auf dem Marienplatz statt. Zum Einzug der Wiesenwirte auf dem Oktoberfest haben die Tänzer aber auch jedes Jahr ihren großen Auftritt.

2 Platzl

Ein Stück Bilderbuch-München mit dem Imperium von Sternekoch Schuhbeck

■ U-/S-Bahn Marienplatz

Prachtvolle alte Bürgerhäuser, das weltberühmte Hofbräuhaus und das Imperium von Sternekoch Alfons Schuhbeck: Keine Frage, dies ist ein hübsches Stück München. Besonders schmuck ist das 1900 fertiggestellte Orlando-Haus. Hier hatte einst Komponist und Kapellmeister Orlando di Lasso seinen Wohnsitz. Jetzt erweist ihm Starkoch Schuhbeck mit seinem Restaurant Orlando die Ehre. Er ist noch mit zahlreichen weiteren Geschäften vertreten. Konkurrenz bekommt er von einer amerikanischen Kette: Das Hard Rock Café München ist nicht nur bei Touristen beliebt.

Sehenswert

Hofbräuhaus
| Wirtshaus |

 Die traditionsreiche Gaststätte lockt heute Gäste aus aller Welt

Herzog Wilhelm V. ist für die Gründung des Hofbräuhauses verantwortlich. Der Bier-Fan war es leid, sein Getränk immer aus dem niedersächsischen Einbeck importieren zu müssen. So wurde 1589 eine eigene Brauerei beschlossen. Erst ab 1828 durfte auch die Bevölkerung im Hofbräuhaus trinken. 1896 wanderte die Brauerei aus Platzgründen nach Haidhausen. Das berühmte Wirtshaus blieb und lockt weiterhin mit Bier, Blasmusik und bayerischen Spezialitäten Gäste aus aller Welt. Mit kleinem Innenhof.

■ Platzl 9, Tel. 089/290 13 61 00, www.hofbraeuhaus.de

Alter Hof
| Ausstellung |

Ab 1255 regierten hier die bayerischen Monarchen, als Herzog Ludwig II. den Alten Hof zu seiner Residenz machte. 1385 wurde der Regierungssitz zugunsten der neu erbauten Residenz aufgegeben. Heute befindet sich hier der Infopoint Museen und Schlösser in Bayern. Im Gewölbekeller befindet sich eine sehenswerte Ausstellung zur Geschichte der einstigen Kaiserburg.

■ Alter Hof 1, www.infopoint-museen-bayern.de, Mo–Sa 10–18 Uhr

Eilleshof
| Innenhof |

Viele Münchner laufen an dieser kleinen Perle ahnungslos vorbei: V. a. der Innenhof dieses typisch Altmünchner Bürgerhauses (um 1560 erbaut) mit seinen sorgfältig restaurierten Lauben

und Brüstungen ist unbedingt einen Blick wert.

■ Residenzstraße 13

Palais Preysing
| Stadtpalast |

Wo heute elegante Geschäfte zum Schaufensterbummel einladen, residierte einst Johann Maximilian IV. Emanuel Graf von Preysing-Hohenaschau. Anfang des 18. Jh. ließ er sein Palais als privates Wohnhaus bauen, ein Meisterwerk des Spätbarocks. Es grenzt mittlerweile direkt an die in der Mitte des 19. Jh. erbaute Feldherrenhalle (S. 28) an.

■ Residenzstraße 27, www.preysing palais.de

 Restaurants

€€ | **Alter Hof** Hier kommen fränkische Spezialitäten wie saure Zipfel oder Schäufele auf den Tisch, dazu Weine von fränkischen Erzeugern. ■ Alter Hof 3, Tel. 089/24 24 37 33, www.restaurant-alter-hof.de, Mo–Sa 11.30–23 Uhr

 Cafés

Bar Centrale Bester Espresso und Cappuccino, dazu morgens Croissant, mittags Pasta und Panini, und abends Aperol Spritz. ■ Ledererstraße 23, Tel. 089/22 37 62, www.bar-centrale.com

 Einkaufen

 Dallmayr Das Delikatessenhaus mit Ladengeschäft, Restaurant, Café und Bar ist eine Institution. Von Kaffee über Champagner bis hin zum Hummer werden hier alle Gourmet-Wünsche erfüllt. ■ Dienerstraße 14–15, www.dallmayr.de

Um die Mittagszeit herrscht noch altbayerische Gemütlichkeit im Hofbräuhaus

3 Max-Joseph-Platz

Wo Residenzmuseum, Residenztheater und Oper aufeinandertreffen

■ Tram 18/19 Nationaltheater

Der erste bayerische König, Maximilian I. Joseph, dessen Statue vor der Staatsoper thront, gab dem Platz seinen Namen. Eingerahmt wird der Platz von den Mauern der Residenz, von Residenz- und Nationaltheater und der Maximilianstraße mit den Arkaden der alten Hauptpost. An sonnigen Tagen sitzt es sich gemütlich auf dem Sockel der Residenz oder den Treppenstufen der Oper – ein guter Platz für eine Sightseeing- oder Shopping-Pause. Weniger dekorativ, aber praktisch: die Einfahrt zur 400 Stellplätze umfassenden Tiefgarage und die Haltemöglichkeiten für Reisebusse.

◉ Sehenswert

Residenztheater
| Theater |

Ein eher unscheinbarer Bau ist das Residenztheater. Doch davon sollte man sich nicht täuschen lassen, denn das »Resi« ist eine der führenden Bühnen Deutschlands. Weitere Spielorte des Ensembles sind der Marstall sowie das Cuvilliés-Theater. Neuinszenierungen der Klassiker stehen genauso auf dem Spielplan wie moderne Stücke.
■ Max-Joseph-Platz 1, www.residenz theater.de

Nationaltheater
| Oper |

Hier sind die international renommierten Ensembles der Bayerischen Staatsoper und des Bayerischen Staatsballetts zuhause. Die klassizistische Fassade der 1818 eröffneten Oper

Das Restaurant Pfälzer Residenz Weinstube im Kaiserhof der Residenz

erinnert an einen griechischen Tempel. Bekannte Werke Richard Wagners wie »Tristan und Isolde« sowie »Die Walküre« wurden hier uraufgeführt. Das Gebäude musste allerdings zweimal komplett neu errichtet werden: nach einem Brand 1832 und nach der Zerstörung im Zweiten Weltkrieg.

■ Max-Joseph-Platz 2, www.staatsoper. de, Führungen mehrmals wöchentlich um 14 Uhr (s. Website)

Maximilianstraße

| Architektur |

Nicht Maximilian I. Joseph, Bayerns erster König, sondern dessen Enkel, Maximilian II., gab der edlen Einkaufsstraße ihren Namen. Vom Max-Joseph-Platz führt sie bis zum Maximilianeum, dem Sitz des bayerischen Landtags.

Hier befinden sich nicht nur die Geschäfte bekannter Luxusmarken wie Hermès, Versace oder Gucci, sondern auch das Fünf-Sterne-Hotel Vier Jahreszeiten Kempinski.

MaximiliansForum

| Kulturzentrum |

Der städtische Kunstraum in der Unterführung unter Maximilianstraße und Altstadtring zeigt Ausstellungen und Installationen angewandter Künste wie Design, Mode, Schmuck oder Architektur sowie interdisziplinäre Kunst- und Kulturprojekte, Performances und Aktionen.

■ Maximilianstraße 38, www.maximilians forum.de, durchgängig geöffnet, Eintritt frei

 Restaurants

€€ | **Conviva im Blauen Haus** Restaurant der Kammerspiele. ■ Hildegardstr. 1, Tel. 089/23 33 69 77, www.conviva-muenchen.de, Mo–Sa ab 11, So ab 17 Uhr

ADAC *Spartipp*

Mit Picknickkörben und -decken strömen jedes Jahr im Sommer Hunderte von Klassikfans zum Max-Joseph-Platz: Im Rahmen der Münchner Opernfestspiele findet hier nämlich auf einer großen Leinwand eine kostenlose Live-Übertragung aus dem Nationaltheater statt (Termine unter www. staatsoper.de/operfueralle.html). Auf dem nur ein paar Schritte entfernt gelegenen Marstallplatz gibt es an einem zweiten Termin der »Oper für alle« ein kostenloses Open-Air-Konzert.

Residenz

> *Einst Sitz der bayerischen Herr-
> scher, mit prächtigem Museum*

■ U-Bahn Odeonsplatz/Marienplatz
■ Residenzstraße 1, www.residenz-
muenchen.de

Von 1508 bis 1919 war die Residenz
Wohn- und Regierungssitz der bayerischen Herzöge, Kurfürsten und Könige. Sie geht zurück auf die Neuveste,
eine gotische Wasserburg aus dem
Jahr 1385. Heute ist die Residenz das
größte Innenstadtschloss Deutschlands. Das Schlossmuseum gewährt
Einblick in die Räumlichkeiten der
Herrscher und deren Kunstsammlun-
gen. Im Zweiten Weltkrieg stark zerstört, wurde die Residenz nach 1945
umfassend wieder aufgebaut.

 Sehenswert

Residenzmuseum

| Museum |

Prunkvolle Gemälde, Wandbilder, edles Porzellan und jede Menge Gold
bezeugen noch heute, wie nobel die
Wittelsbacher hier lebten und regierten. Beim Gang durch die prunkvollen
Räumlichkeiten wandelt man durch
die Epochen, von Renaissance bis Klas-
sizismus. Zurzeit wird die Residenz in
mehreren Bauabschnitten restauriert,
sodass einige Ausstellungen zeitweilig
nicht zur Verfügung stehen. Erst ab
2019 wieder zu sehen ist die »Gelbe
Treppe«, der einstige zeremonielle
Zugang zum Appartement des Königs.
■ Residenzstraße 1, www.residenz-
muenchen.de, April–Mitte Okt. tgl. 9–18,
Mitte Okt.–März 10–17 Uhr, 7 €, erm. 6 €,
unter 18 J. frei

ADAC *Wussten Sie schon?*

Vier Löwen bewachen in der Residenzstraße die Eingänge zur Residenz. Ein alter Münchner Aber-
glaube besagt, dass Wünsche in
Erfüllung gehen, wenn man ihnen
die Schnauzen reibt. Einen Ver-
such ist es wert, oder?

Antiquarium

| Saal |

Den vielleicht eindrucksvollsten Saal
in der Residenz durchquert man bald
nach Betreten des Museums. Mit seinen fast 70 m Länge gilt er als größter
Renaissanceraum nördlich der Alpen.
Herzog Albrecht V. präsentierte hier
seine Sammlung griechischer und
römischer Skulpturen, das Obergeschoss war seine Bibliothek. Die Bema-
lungen stammen von Künstlern wie
Hans Dornauer d. Ä. und Peter Candid.

Schatzkammer

| Museum |

Über 1200 Einzelstücke an Juwelen,
Goldschmiedewerken, Emaille, Kristall-
und Elfenbeinwerken, gesammelt von
Münchner Herrschern vom 16. bis frühen 19. Jh. Aber nicht nur weltliche
Schätze wie die bayerische Königskro-
ne, auch sakrale Kunstwerke, liturgi-
sche Gegenstände und Reliquiarien,
werden hier präsentiert.
■ Residenzstraße 1, www.residenz-
muenchen.de, April–Mitte Okt. tgl. 9–18,
Mitte Okt.–März 10–17 Uhr, 7 €, erm. 6 €,
unter 18 J. frei

Cuvilliés-Theater

| Theater |

Das Cuvilliés-Theater, vom Brunnen-
hof der Residenz aus zugänglich, ist

eine der drei Spielstätten des Residenztheaters und tagsüber als Museum zu besichtigen. Sein prunkvolles Inneres ist quasi die Wiederauferstehung des ursprünglichen, im Zweiten Weltkrieg zerstörten Residenztheaters (S.23). Damals retteten Münchner Bürger Teile des weiß-rot-goldenen Zuschauerraumes vor den Bomben.

■ Residenzstraße 1, www.residenz theater.de, April–Juli und Mitte Sept.–Mitte Okt. Mo–Sa 14–18, So 9–18, Aug.–Mitte Sept. tgl. 9–18, Mitte Okt.–März Mo–Sa 14–17, So 10–17 Uhr, 3,50 €, erm. 2,50 €, unter 18 J. frei

Restaurants

€€ | **Pfälzer Residenz Weinstube** Traditionelle Gaststätte in der Residenz, in der kein Bier ausgeschenkt wird. Im Sommer auch im Kaiserhof. ■ Residenzstraße 1, Tel. 089/22 56 28, www.pfaelzerweinstube.de, tgl. 10.30–0.30 Uhr

Im Blickpunkt

Die Wittelsbacher

Auf dem Weg durch München begegnen sie einem immer wieder: Erinnerungen an die Herrscher aus dem Hause Wittelsbach. 738 Jahre lang regieren sie in Bayern. 1240 ging München aus dem Besitz des Freisinger Bischofs in den der Wittelsbacher über. Sie regierten erst als Herzöge, seit dem 17. Jh. als Kurfürsten und von 1806 bis zum Ende der Monarchie 1918 als Könige in Bayern. Darunter sind Figuren wie der beliebte Max I. Joseph, Ludwig II., der »Märchenkönig«, oder Elisabeth, genannt »Sisi«.

5 Hofgarten

Idyllische Parkanlage zwischen Odeonsplatz und Englischem Garten

■ U 3/4/5/6 Odeonsplatz
■ Hofgartenstraße 1, www.schloesser. bayern.de

Die barocke Parkanlage ist eine der Ruheoasen in der geschäftigen Innenstadt. Hier genießen Angestellte ihre Mittagspause, Radler steuern zum Englischen Garten, und am Abend veranstalten Boulespieler kleine Turniere auf den Kieswegen. Entstanden ist die Anlage während der Erweiterung der angrenzenden Residenz Anfang des 17. Jh. unter Herzog Maximilian I. Vorbild waren italienische Renaissancegärten. Das Hofgartentor von 1816, durch das man den Park vom Odeonsplatz her betritt, ist übrigens das erste Bauwerk Leo von Klenzes. Zu zwei Seiten schließt der Arkadengang den Hofgarten ab.

Sehenswert

Dianatempel
| Architektur |

In dem nach der römischen Jagdgöttin Diana benannten Renaissance-Pavillon kreuzen sich die Achsen des Hofgartens. Das hübsche zwölfeckige Bauwerk im italienischen Stil entstand zwischen 1613 und 1617 für Kurfürst Maximilian I. Die Kuppel krönt eine Kopie der Bavariafigur aus dem 16. Jh. von Bildhauer Hubert Gerhard, die »Tellus Bavarica«. Bei gutem Wetter wirbeln hier mittwochs, freitags und sonntags Tänzer zu Salsa-, Tango- und Sambamusik über das Bodenmosaik.

■ Hofgartenstraße 6

Hofgarten mit Dianatempel mit Blick auf die Türme der Theatinerkirche

Deutsches Theatermuseum
| Museum |
Im Galerietrakt des Hofgartens befindet sich das Theatermuseum mit seiner eindrucksvollen Sammlung von Theaterfotografien, Bühnenbildern, Theaterbauplänen, Kostümen und Kostümskizzen, Requisiten und vielem mehr. Teile der großen Sammlung werden regelmäßig in thematischen Sonderausstellungen präsentiert.
■ Galeriestraße 4a, www.deutsches theatermuseum.de, Di–So 10–16 Uhr, 4 €, erm. 3 €, unter 14 J. frei

Bayerische Staatskanzlei
| Regierungsgebäude |
Der Amtssitz des bayerischen Ministerpräsidenten ist eine Mischung aus steinernem Altbau und gläsernem Neubau. Den historischen Mittelteil bildet der Kuppelbau des ehemaligen Armeemuseums. Edmund Stoiber war der erste, der hier 1993 seinen Amtssitz bezog. Mit der Planung begonnen wurde jedoch bereits ab 1982 unter Franz-Josef Strauß. Ein Stein des Anstoßes: die teure »Zirbelstube«, die Strauß-Nachfolger Max Streibl einbauen ließ. Vor dem Gebäude, im tiefer liegenden Teil des Hofgartens, steht ein Kriegerdenkmal. Führungen durch die Staatskanzlei nur für Gruppen nach vorheriger Anmeldung.
■ Franz-Josef-Strauß-Ring 1, www. bayern.de/staatsregierung/staatskanzlei

Prinz-Carl-Palais
| Stadtpalast |
Über dem Altstadttunnel, zwischen Hofgarten und Englischem Garten, thront der Dienstsitz (nicht Amtssitz) des bayerischen Ministerpräsidenten. Das neoklassizistische Palais von Architekt Karl Fischer wurde zwischen 1804 und 1806 erbaut und lange von Prinz Karl von Bayern bewohnt. Das Innere des repräsentativen Baus mit seinem Tafelparkett, Stuckdekor und Spiegeldecken bekommen leider nur Staatsgäste zu sehen.
■ Königinstraße 1

6 Odeonsplatz

Geschichtsträchtiger Platz am Anfang der Ludwigstraße

■ U 3/4/5/6 Odeonsplatz

Das ehemalige Konzerthaus Odeon, das Ludwig I. einst erbauen ließ, wurde im Zweiten Weltkrieg zerstört, seinen Namen hat der Odeonsplatz trotzdem behalten. Nur die Fassade des Odeon wurde erhalten. Nach dem Marienplatz ist der Odeonsplatz der wichtigste Ort für Demonstrationen, Versammlungen und kulturelle Veranstaltungen wie den Stadtgeburtstag. Um die Ecke locken Cafés und Geschäfte.

 Sehenswert

Theatinerkirche (Sankt Kajetan)
| Kirche |
Dass sie im Jahr 1662 endlich den ersehnten Thronfolger zur Welt brachte, erfreute die Gattin von Kurfürst Ferdinand Maria so sehr, dass sie als Dank dafür die Theatinerkirche in Auftrag gab. 1688 war der Bau zumindest innen fertig und wurde geweiht, die Fassaden folgten wegen Differenzen der Baumeister erst rund 100 Jahre später. Die Entwürfe für die gelbe Barock-Fassade lieferte schließlich François de Cuvilliés der Ältere, sein Sohn, François de Cuvilliés der Jüngere, vollendete die Fassade mit nur leichten Veränderungen.

■ Theatinerstraße 22, www.theatiner kirche.de

Feldherrnhalle
| Architektur |
Von 1841 bis 1844 für Ludwig I. gebaut, bildet die Feldherrnhalle den Übergang von der historischen Altstadt zur damals neuen Ludwigstraße. Zwei mächtige steinerne Löwen zieren den Eingang der zu drei Seiten offenen Halle. Wie das 1 km entfernte Siegestor wurde auch die Feldherrnhalle zur »Ehre des bayerischen Heeres« errich-

Die Feldherrnhalle wurde nach dem Vorbild der Loggia dei Lanzi in Florenz erbaut

tet. Drinnen befinden sich Bronzestatuen der Feldherren Graf Tilly und Fürst Wrede von Ludwig von Schwanthaler, dazu das bayerische Armeedenkmal. 1923 war die Feldherrnhalle Schauplatz des gescheiterten Aufstands von Putschisten um Adolf Hitler und avancierte daher nach dessen Machtergreifung zur Kultstätte.

■ Residenzstraße 1, www.schloesser. bayern.de

Viscardigasse
| Denkmal |

Mit einer Gedenktafel wurde zur NS-Zeit an der Feldherrnhalle an den niedergeschlagenen »Marsch auf die Feldherrnhalle« von Adolf Hitler und seinen Kumpanen 1923 erinnert. Davor wachte ein Soldat darüber, dass Passanten dem Denkmal mit einem Hitler-Gruß die Ehre erwiesen. Wer das vermeiden wollte, ging stattdessen lieber durch die Viscardigasse, das sogenannte »Drückebergergasserl«. An diesen zivilen Widerstand erinnert heute eine Bronze-Spur von Künstler Bruno Wank auf dem Kopfsteinpflaster.

Kunsthalle München
| Museum |

Seit 2001 an dieser Stelle, hat sich die Kunsthalle der Hypo-Kulturstiftung einen erstklassigen Ruf erarbeitet. Drei Ausstellungen pro Jahr werden hier auf 1200 m² mit moderner Museumstechnik gezeigt, von der Vor- und Frühgeschichte bis in die Gegenwart. Kunst und Kulturen der ganzen Welt werden hier präsentiert: ob Malerei, Skulptur, Grafik, Fotografie, Kunsthandwerk oder Design.

■ Fünf Höfe, Theatinerstraße 8, www. kunsthalle-muc.de, tgl. 10–20 Uhr, 12 €, erm. 1 €, Mo (außer feiertags) halber Preis

Promenadeplatz
| Denkmal |

In dem kleinen Park gegenüber vom Nobelhotel Bayerischer Hof erinnert ein Denkmal an Komponist und Kapellmeister Orlando di Lasso – eigentlich. Denn mittlerweile wurde es mit Bildern und Postern beklebt und mit Kerzen dekoriert, und so zur Gedenkstätte für den verstorbenen US-Sänger Michael Jackson umfunktioniert.

Wittelsbacherplatz
| Platz |

Umrahmt wird der quadratische Platz vom ehemaligen Konzerthaus Odeon, das nach dem Krieg als Gebäude für das Innenministerium wieder aufgebaut wurde, vom Palais Ludwig Ferdinand, der Siemens-Konzernzentrale (ein Klenze-Bau), und vom Palais Arco-Zinneberg (mit der gelben Fassade, originalgetreu wiederhergestellt). Das klassizistische Reiterdenkmal in der Mitte des Platzes zeigt Kurfürst Maximilian I. Die Südseite des Platzes öffnet sich zur Brienner Straße, eine von Münchens Prachtstraßen. Im Sommer gastiert auf dem Wittelsbacherplatz regelmäßig der Hamburger Fischmarkt, im Winter findet hier der mittelalterliche Weihnachtsmarkt mit Gauklern statt.

Literaturhaus
| Veranstaltungsort |

Seit 1997 ist das Literaturhaus am Salvatorplatz ein Treffpunkt für Literaturfreunde. Hier finden Lesungen, Diskussionen und Ausstellungen statt. Die Brasserie OskarMaria im Erdgeschoss, benannt nach Schriftsteller Oskar Maria Graf, serviert saisonale und regionale Küche in Kaffeehausatmosphäre.

■ Salvatorplatz 1, www.literaturhaus-muenchen.de

Cafés

Café Arzmiller Etwas versteckt hinter der Theatinerkirche, findet man hier ein riesiges Angebot an Kuchen. Begrünter Innenhof. ■ Theatinerstraße 22, Tel. 089/29 42 73, www.cafe-arzmiller.de, Mo–Fr 8.30–18.30, Sa, So 10–18 Uhr

Café Luitpold 1888 eröffnet, gibt es hier köstliche Kuchen und exquisite Schokolade. Wassily Kandinsky und Henrik Ibsen waren schon Gast. ■ Brienner Straße 11, Tel. 089/242 87 50, www.cafe-luitpold.de, Mo–Sa ab 8, So ab 9 Uhr

 Einkaufen

④ **Fünf Höfe** Einkaufspassage mit 60 Geschäften für Mode und Schönes, zahlreichen Restaurants und der Kunsthalle München. ■ Theatinerstraße 19, www.fuenfhoefe.de

 Erlebnisse

Die lange Nacht der Musik 400 Konzerte in einer Nacht an ganz unterschiedlichen Locations. Mit dem Ticket kann man den Nahverkehr nutzen. ■ www.muenchner.de/musiknacht, Mai

ADAC *Wussten Sie schon?*

Wo heute ein Kaufhaus steht, an der Ecke Sonnenstraße und Bayerstraße, befand sich im 18. Jh. ein Wirtshaus. Ab 1728 war dort Mathias Eustachius Föderl, genannt Eustachi, als Wirt verzeichnet. Nach seinem Spitznamen trug die Gastwirtschaft den Namen Stachus, und von der Gastwirtschaft wurde der Name Stachus auf den Platz übertragen, an dem sie lag.

7 Karlsplatz/Stachus

Belebter Verkehrsknotenpunkt und Auftakt der Fußgängerzone

■ U 4/5, S-Bahn, Tram 16/17/18/19/27/28 Karlsplatz/Stachus

Am Karlsplatz, benannt nach Kurfürst Karl Theodor, beginnt oder endet der Bummel durch die Fußgängerzone. Der »Stachus«, wie er bei den Münchnern auch heißt, ist ein Verkehrsknotenpunkt, zahlreiche S-, U- und Straßenbahnen treffen sich hier.

Der Brunnen mit den Fontänen ist im Sommer ein beliebter Treff- und Rastpunkt. Im Winter sind an dieser Stelle eine Eisbahn und Glühweinstände aufgebaut. Die Filiale der Fastfood-Kette McDonald's, im Jahr 1994 eröffnet, gilt als eine der umsatzstärksten weltweit. In den unterirdischen Stachus-Passagen gibt es auf fast 8000 m² mittlerweile zahlreiche Einkaufsmöglichkeiten und Imbisse.

 Sehenswert

Karlstor
| Stadttor |
Im 14. Jh. entstanden, hieß das Karlstor damals noch Neuhauser Tor, denn in Richtung des ehemaligen Dorfes Neuhausen führte von hier die Straße. ■ Karlsplatz 10

Alter Botanischer Garten
| Park |
Der Alte Botanische Garten wurde von Landschaftsarchitekt Friedrich Ludwig von Sckell entworfen. Das Eingangsportal im frühklassizistischen Stil an der Ostseite steht bereits seit Eröffnung 1812 an gleicher Stelle.

In der Einkaufspassage Fünf Höfe wird Shoppen zum Erlebnis für alle Sinne

In der NS-Zeit wurde der Botanische Garten zum Stadtpark umgestaltet. In dieser Zeit kamen auch ein Kaffeehaus mit Biergarten (das heutige Parkcafé), der Kunstpavillon und der Neptunbrunnen hinzu, der nach den Plänen des Architekten Oswald Bieber und des Bildhauers Joseph Wackerle gestaltet wurde. Heute kann man hier flanieren oder sich auf Grünflächen, Parkbänken oder dem Brunnenrand niederlassen.

■ Sophienstraße 7

Kunstpavillon im Alten Botanischen Garten

| Museum |

1936 gebaut, will der heute von Künstlern geleitete Ausstellungsraum Kultur auf andere Art vermitteln und zeigt nicht nur Ausstellungen, sondern widmet sich auch Diskussionen und zeitkritischen Auseinandersetzungen.

■ Sophienstraße 7a, www.kunstpavillon. org, Di–Sa 13–19, So 11–17 Uhr, Eintritt frei

Justizpalast

| Verwaltungsgebäude |

Das neobarocke Gebäude nach Plänen des Architekten Friedrich von Thiesch ist der Sitz des Bayerischen Justizministeriums und beherbergt Teile des Landgerichts. Sehenswert ist v. a. die gewaltige Glaskuppel, in die man vom Lichthof aus hinaufschauen kann. Im Sitzungssaal 216 (heute 253) fand im Jahr 1943 der zweite Prozess gegen die Mitglieder der studentischen Widerstandsgruppe »Weiße Rose« statt. Die Dauerausstellung Willkür »Im Namen des deutschen Volkes« erinnert hier an die Geschwister Scholl und ihre Kommilitonen.

■ Prielmayerstraße 7, Lichthof: Mo–Do 8–15, Fr 8–14 Uhr, Eintritt frei

Künstlerhaus am Lenbachplatz
| Architektur |

Das prachtvolle Gebäude von Architekt Gabriel von Seidl im Neorenaissance-Stil wurde 1900 von Luitpold von Bayern eingeweiht und war einst lebendiger Treffpunkt der Münchner Kulturszene. Künstler wie Franz von Lenbach und Franz von Stuck, aber auch Industrielle und Großbürger trafen sich hier, bis der Künstlerhaus-Verein 1938 von den Nationalsozialisten aufgelöst wurde. Inzwischen ist das Haus wieder im Besitz des Vereins. Die Räume sind für Events zu mieten, außerdem gibt es ein hauseigenes Kulturprogramm und zwei Restaurants.

■ Lenbachplatz 8, www.kuenstlerhaus-muc.de

 Parken

Tiefgarage Stachus Von hier ist es nicht weit zur Fußgängerzone mit Kaufingerstraße und Neuhauser Straße. 3 € für die erste Stunde, danach 2,50 €, max. 20 € am Tag. ■ Herzog-Wilhelm-Straße 11, www.contipark.de

8 Neuhauser Straße/ Kaufingerstraße

Zentrale Fußgängerzone und wichtigste Einkaufsmeile der Stadt

■ U 4/5, S-Bahn Karlsplatz/Stachus, U 3/6, S-Bahn Marienplatz

Die Neuhauser Straße, die in die Kaufingerstraße übergeht, ist die trubelige Fußgängerzone in der Innenstadt. Hier kommt man nicht nur an den wichtigsten Sehenswürdigkeiten der Stadt – Stachus, Frauenkirche und Marienplatz – vorbei, sondern kann sich auch seine Einkaufswünsche erfüllen. Große internationale Ketten finden sich unter den Geschäften genauso wie traditionsreiche Kaufhäuser und Obst- und Gemüsestände. Straßenkünstler beleben die Flaniermeile. Ihren Namen hat die Neuhauser Straße vom einstigen Neuhauser Tor (das heute Karlstor heißt). Die Kaufingerstraße wurde bereits 1316 als »Chufringerstraße« erwähnt und trägt damit einen der ältesten Straßennamen Münchens. Die autofreie Innenstadt ist dem Bau der S-Bahn-Stammstrecke für die Olympischen Spiele 1972 zu verdanken.

 Sehenswert

Jagd- und Fischereimuseum
| Museum |

In den Räumen der ehemaligen Augustinerkirche erfährt man seit 1966 Wissenswertes über die Geschichte des Jagens und Fischens von der Steinzeit bis heute. Mit dem Waldpfad gibt es seit 2015 einen Lern- und Spielraum für Kinder zum Mitmachen.

■ Neuhauser Straße 2, www.jagd-fischerei-museum.de, tgl. 9.30–17, Do bis 21 Uhr, 5 €, erm. 2,50–4 €

St. Michael
| Kirche |

Die vor über 400 Jahren gebaute Jesuitenkirche gilt als deutschlandweit erste Renaissancekirche. Die weiße Fassade zieren 15 Skulpturen ehemaliger Herrscher, in der Familiengruft der Wittelsbacher im Inneren der Kirche haben einige von ihnen auch die letzte Ruhe gefunden, u.a. Wilhelm V., Kurfürst Maximilian I. und König Ludwig II. Mehrmals täglich Gottesdienste.

■ Neuhauser Straße 6, www.st-michael-muenchen.de

Bürgersaalkirche
| Kirche |

Ab 1610 baute die Marianische Männerkongregation »Mariä Verkündung« hier einen Bet- und Versammlungsraum, der seit 1778 auch als Kirche genutzt werden darf. Die Oberkirche ist ein barocker Saal, unten befindet sich die Krypta. Dem 1978 selig gesprochenen Pater Rupert Mayer (1876–1945) ist hier ein kleines Museum gewidmet. Auf einem der berühmtesten Gnadenbilder der Barockzeit ist hier auch das Münchner Kindl zu sehen.

■ Neuhauser Straße 14, www.mmk buergersaal.de, Museum: Mo–Sa 9–19, Mi 7–19, So 8.30–19 Uhr, Eintritt frei

MUCA: Museum of Urban and Contemporary Art
| Museum |

Kunst am Puls der Zeit zeigt Deutschlands erstes Museum für Urban Art. Street-Art und andere Formen zeitgenössischer Kunst stehen hier im Mittelpunkt und werden auch durch Experten-Gespräche, Lesungen und Führungen vermittelt.

■ Hotterstraße 12, www.muca.eu, Mi–Mo 10–20 Uhr, 7,50 €, erm. 5 €

 Restaurants

⑤ **€€ | Augustinerbräu** Nicht weit von hier brauten die Augustiner-Mönche bereits im 14. Jh. Bier. ■ Neuhauser Straße 27, Tel. 089/23 18 32 57, www.augustiner-braeu.de, Mo–Sa 9–24, So 10–24 Uhr

€€ | Le Buffet im Kaufhaus Oberpollinger Von der Dachterrasse des Selbstbedienungsrestaurants blickt man auf den Justizpalast. ■ Neuhauser Straße 18, Tel. 089/29 02 45 97, www.ober pollinger.de, Mo–Sa 10–20 Uhr

 9 Frauenkirche

▸ ③ *Wahrzeichen der Stadt mitten in der Fußgängerzone*

■ Tram Theatinerstraße
■ Frauenplatz 12, www.muenchner-dom.de

Die Domkirche »Zu unserer Lieben Frau« ist das unverwechselbare Wahrzeichen der Stadt. Die gotische Dom- und Stadtpfarrkirche wurde im 15. Jh. erbaut. Die beinahe 100 m hohen Türme mit den »Welschen Hauben« empfand Baumeister Jörg von Halspach (auch Jörg Ganghofer genannte) dem Felsendom in Jerusalem nach – sie wurden jedoch erst 36 Jahre nach Fertigstellung des Gebäudes 1525 aufgesetzt, da zwischenzeitlich das Geld knapp wurde und von Halspach ver-

Fünfzehn Herrscherstatuen zieren die Fassade der Jesuitenkirche St. Michael

Eines der Wahrzeichen der bayerischen Hauptstadt: die Frauenkirche

starb. Höher als die Türme der Frauenkirche darf im Inneren des Mittleren Rings kein Gebäude sein, so der Beschluss eines Bürgerentscheids von 2004. Vom Südturm (derzeit wegen Restaurierung geschlossen) hat man einen grandiosen Blick über die Stadt, bei guter Sicht bis zu den Alpen.

👁 Sehenswert

Teufelstritt
| Architektur |
Auf einer Fliese in der Eingangshalle der Frauenkirche findet sich ein markanter Fußabdruck, der sogenannte Teufelsritt. Laut einer Legende soll hier Beelzebub höchstpersönlich aufgestampft haben – weil er meinte, Baumeister Jörg von Halspach ausgetrickst zu haben. Dieser soll dem Teufel

seine Seele versprochen haben, wenn die Kirche keine Fenster habe. Von der Stelle des Fußabdrucks sind tatsächlich keine Fenster zu sehen. Der Teufel glaubte seine Wette also gewonnen. Mit einem weiteren Schritt erkannte er jedoch seinen Fehler.

Kenotaph
| Monument |
Das Scheingrab von Ludwig IV. der Bayer in der Nähe des Hauptportals auf der rechten Seite. Zwar liegt der ehemalige König hier nicht begraben, aber zu Ehren des Wittelsbachers befindet sich hier eine prunkvolle Gedenkstätte. Eine große Kaiserkrone erinnert an seine Würden.

10 Viktualienmarkt

 Schmankerlparadies mit dem zentralsten Biergarten der Stadt

■ U-/S-Bahn Marienplatz, Bus 52/62 Viktualienmarkt

Viktualien, vom römischen Begriff »victus« für Vorräte und Lebensmittel, werden am Viktualienmarkt seit über 200 Jahren verkauft. Sowohl einheimische als auch exotische Waren bieten die Händler an ihren Ständen an. Von der Suppenküche bis zum Saftstand

Gefällt Ihnen das?

Den Viktualienmarkt mit seinen hübschen Ständen kann man das ganze Jahr über besuchen. Nur dreimal im Jahr findet die **Auer Dult** statt, ein traditionsreiches Volksfest mit vielen Marktständen, Kunst, Kitsch und Trödel auf dem Mariahilfplatz (S. 51).

und die Leberkäs-Semmel gibt es hier alles, was das Genießer-Herz begehrt. Seit 1870 wird an festen Ständen verkauft, die im Zweiten Weltkrieg bei Luftangriffen schwer beschädigt wurden. Kurzzeitig sollten sie durch Hochhäuser ersetzt werden, dann kam es – zum Glück – zum Wiederaufbau.

Hier findet sich heute nicht nur der einzige Pferdemetzger Münchens, sondern auch der idyllische Biergarten am Viktualienmarkt unter Kastanien, der zentrale Maibaum und einige Brunnen.

 Sehenswert

Heilig-Geist-Kirche
| Kirche |

Direkt neben dem Viktualienmarkt steht eine der ältesten noch erhaltenen Kirchen Münchens, die im Jahr 1392 von Gabriel Ridler vollendete Heilig-Geist-Kirche, ehemals Spitalkirche genannt. Eine barocke Anmutung erhielt der gotische Bau im 18. Jh. durch Zusätze der Gebrüder Asam und von Johann G. Ettenhofer.

■ Prälat-Miller-Weg 1, www.heilig-geist-muenchen.de

Rindermarkt
| Platz |

Seine ursprüngliche Verwendung trägt der Rindermarkt noch heute im Namen, denn hier wurde tatsächlich einst der Viehmarkt abgehalten. Heute ist der terrassierte Platz mit dem Brunnen von Josef Henselmann ein angenehmer Ruhepol in der Innenstadt. Im südöstlichen Teil des Platzes steht der alte Löwenturm, den man für einen Überrest der ehemaligen Stadtbefestigung hält, der aber auch als Wasserturm gedient haben könnte.

Im Blickpunkt

Bayerische Spezialitäten

Die bayerische Küche, das ist bekannt, ist keine leichte Kost. Fleischlastig ist sie mit Weißwurst, Schweinehaxn oder Leberkäs, einer Brühwurstsorte in Pastetenform, die in Scheiben geschnitten und mit süßem oder herzhaftem Senf in der Semmel gegessen wird. Fleischfrei sind der bayerische Kartoffelsalat (mit Essig und Öl zubereitet) oder der Obazda (auch Obatzter, Obatzda): Camembert vermengt mit Butter und Paprikapulver. Und eine Breze passt natürlich auch immer.

 Restaurants

€€ | **Wirtshaus zum Straubinger** Schnitzel, Schweinshax'n, Schnäpse und weitere bayerische Klassiker. Mit schönem Biergarten. Auch Fußball-Liveübertragungen. ■ Blumenstraße 5, Tel. 089/232 38 30, www.zumstraubinger.de, Mo–Sa 10–1, So 11–23 Uhr

 Cafés

Café Frischhut Das Café heißt unter Einheimischen nur »Schmalznudel«, selbige auch als »Aus'zogne« bekannte süße Spezialität gibt es hier schon ab 7 Uhr morgens. ■ Prälat-Zistl-Straße 8, Tel. 089/26 82 37, So geschl.

The Victorian House Wie in einem englischen Herrenhaus genießt man hier ein exzellentes Frühstück, Lunch oder stilvollen Afternoon Tea. ■ Frauenstraße 14, Tel. 089/25 54 69 47, www.victorianhouse.de, tgl. ab 9/9.30 Uhr

Die Jüdische Hauptsynagoge Ohel Jakob am Sankt-Jakobs-Platz

🛍 Einkaufen

⑥ Schrannenhalle Eine Schranne, also ein Getreidespeicher, war das Gebäude, das hier ursprünglich in den 1850er-Jahren erbaut wurde. Die bei einem Brand 1932 fast völlig zerstörte Schrannenhalle wurde erst 2011 als Einkaufsmeile wieder errichtet. Seit 2015 beglückt der neue Hauptmieter Eataly in der 4600 m² großen Halle Genießer mit italienischer Feinkost, mehreren Restaurants, einer Weinhandlung und einer Kochschule. ■ Viktualienmarkt 15, Tel. 089/248 81 77 11, www.eataly.net

⑦ Servus Heimat Hier gibt es die etwas anderen bayerischen Souvenirs: von König-Ludwig-Servietten über Schwimm-Brezen bis hin zu T-Shirts mit Gemsenaufdruck. ■ Mehrere Filialen, u. a. Tal 20, Tel. 089/21 01 98 15, www.servusheimat.com

11 Sankt-Jakobs-Platz

⑧ *Zentrum jüdischen Lebens in der Münchner Altstadt*

■ Bus 52/62 St.-Jakobs-Platz

Bis ins 19. Jh. war der St.-Jakobs-Platz ein wichtiger Marktplatz, nach der Zerstörung im Zweiten Weltkrieg lag er lange brach. Heute bietet der großzügige, mit modernen Pflastersteinen ausgelegte Platz nicht nur genügend Raum für die neue Jüdische Hauptsynagoge, ihr Gemeindezentrum und ein Museum, sondern beherbergt auch das nach dem Zweiten Weltkrieg neu aufgebaute Angerkloster und das Münchner Stadtmuseum. Bänke um einen modernen Brunnen mit 30 Fontänen und Straßencafés laden zum Verweilen ein. Der angrenzende

Sebastiansplatz ist mit zahlreichen Cafés und Restaurants belebter.

 Sehenswert

Münchner Stadtmuseum
| Museum |

In mehreren Gebäuden, u.a. im historischen Zeughaus und dem städtischen Marstall, zeichnet das Museum die (Kultur-)Geschichte Münchens von der Salzhandelssiedlung zur Finanz- und Kulturmetropole der Neuzeit nach: mit Möbeln, Musikinstrumenten oder Moriskentänzern. Liebevoll aufbereitet mit einer Dauerausstellung und wechselnden aktuellen Ausstellungen. Das Filmmuseum zeigt täglich wechselnde Programme.

■ St.-Jakobs-Platz 1, www.muenchner-stadtmuseum.de, Di–So 10–18 Uhr, 7 €, erm. 3,50 €, unter 18 J. frei

Jüdische Hauptsynagoge Ohel Jakob
| Synagoge |

2006 feierlich eröffnet, ist die Neue Hauptsynagoge am St.-Jakobs-Platz ein deutliches Zeichen dafür, dass das Judentum in München endlich wieder einen festen und wichtigen Platz hat. Die Mauern des imposanten, freistehenden Baus erinnern an die Klagemauer in Jerusalem. Gekrönt wird der Sockel von einer schmaleren Glas-Metall-Struktur. Wer genau hinsieht: Am Hauptportal sind die ersten Buchstaben des hebräischen Alphabets eingeprägt, eine Referenz an die Zehn Gebote. Wer sich zu einer Führung anmeldet, bekommt auch das Innere des Gotteshauses zu sehen.

■ St.-Jakobs-Platz 18, Tel. (für Führungen) 089/202 40 01 00, www.juedisches zentrumjakobsplatz.de

Jüdisches Museum
| Museum |

Das 2007 eröffnete städtische Museum will mit einer Dauerausstellung und wechselnden Ausstellungen sowie verschiedenen Veranstaltungen die Vielfalt jüdischer Geschichte, Kunst und Kultur abbilden. Vor dem Café des Museums können sich Kinder in einem öffentlichen Spielbereich mit Sandkasten, Wippe und Co. austoben.

■ St.-Jakobs-Platz 16, www.juedisches-museum-muenchen.de, Di–So 10-18 Uhr, an jüdischen Feiertagen geschl., 6 €, erm. 3 €

 Restaurants

€€ | **Blauer Bock** Feine Cuisine aus besten Zutaten in puristischem Design. ■ Sebastiansplatz 9, Tel. 089/45 22 23 33, www.restaurant-blauerbock.de, Di–Sa 12–14 und 18.30–21 Uhr

€€ | **Einstein** Im Gemeindezentrum der Israelitischen Kultusgemeinde serviert das elegante Restaurant moderne koschere Küche. Nicht von der Sicherheitsschleuse einschüchtern lassen! Reservierung empfohlen. ■ St.-Jakobs-Platz 18, Tel. 089/202 40 03 32, www.einstein-restaurant.de, So–Fr 12–15, So–Do auch 18–22 Uhr

€€ | **Pizzeria Grano** An schönen Tagen fühlt man sich auf der Terrasse wie auf einer italienischen Piazza. Kleine, aber feine Karte. ■ Sebastiansplatz 3, Tel. 089/23 26 99 39, Mo–Sa 12–22.30 Uhr

 Cafés

Stadtcafé Entspanntes Café von morgens bis abends, mit schönem Innenhof, direkt am Stadtmuseum. ■ St.-Jakobs-Platz 1, Tel. 089/26 69 49, www.stadtcafe-muenchen.de, tgl. 10–24 Uhr

12 Sendlinger Straße

Belebte Einkaufsstraße zwischen Sendlinger Tor und Rindermarkt

 U 1/2/3/6 Sendlinger Tor

Ein Teil der Einkaufsstraße ist seit 2016 versuchsweise autofreie Zone. Ihr ursprüngliches Ziel war das Dorf Sendling, damals noch vor den Toren der Stadt gelegen, heute ist Sendling ein Stadtviertel Münchens.

Sehenswert

Sendlinger Tor
| Stadttor |
Im Zuge der zweiten Stadtentwicklung im 14. Jh. entstanden, ist das Sendlinger Tor heute eines von nur noch drei erhaltenen Stadttoren. Ein Teil der alten Stadtmauer ist hier ebenfalls noch zu sehen. Auf dem großzü-

Das Sendlinger Tor ist eines der drei erhaltenen mittelalterlichen Stadttore

ADAC *Mobil*

Wer vom Stadtbummel zu Fuß mal eine Pause braucht, kann sich mit der **Straßenbahnlinie 19** bequem an vielen wichtigen Sehenswürdigkeiten vorbeifahren lassen: Die Tram fährt von Pasing im Westen bis zum Ostbahnhof, vorbei u. a. am Max-Joseph-Platz, dem Maximilianeum und dem Max-Weber-Platz und durch das beliebte Wohnviertel Haidhausen.

gigen Platz vor dem Tor trifft man sich zum Kinobesuch oder in Restaurants, im Sommer mit Tischen im Freien, Obst- und Gemüsestände bieten frische Ware.

■ Sendlinger-Tor-Platz 1

Asamkirche
| Kirche |
Zwischen zwei Häuser gepfercht, übersieht man die Asamkirche, eigentlich St. Johann Nepomuk, womöglich leicht. Dabei ist die kleine Kirche mit ihren Heiligenfiguren, Stuckaturen und Ornamenten, üppigem Marmor und Blattgold im Inneren eine der prunkvollsten Münchens. Die Gebrüder Asam, Cosmas Damian und Egid Quirin, erfüllten sich mit dem spätbarocken Gotteshaus einen Traum.

■ Sendlinger Straße 32, www.johnepomuk.de

Restaurants

€€ | **Café Mozart** Gemütlich auf durchgesessenen Sofas im Plüschdekor aus den 1960er-Jahren sitzen und legendär große Schnitzel verzehren. ■ Pettenkofer Straße 2, Tel. 089/59 41 90, www.cafe-mozart.info, tgl. ab 10 Uhr

Einkaufen

Hofstatt Edles Shoppingquartier mit großen Mode- und Lifestylemarken sowie Restaurants und Cafés in den Innenhöfen. ■ Sendlinger Straße 10, www.hofstatt.info

13 Isartor

Das einzige fast vollständig erhaltene der ursprünglichen Stadttore

■ S-Bahn, Tram Isartor
■ Isartorplatz 10

In Bayern gehen die Uhren anders, das wusste schon Willy Brandt. Eine der beiden Turmuhren am Isartor läuft tatsächlich gegen den Uhrzeigersinn. Während die zum Isartorplatz gerichtete Zeitanzeige normal funktioniert, drehen sich die Zeiger auf der zum Tal zeigenden Seite spiegelverkehrt. Die schräge Zeitanzeige ist eine Spende der Münchner Künstlerin Petra Perle und passt perfekt zu dem in den beiden Falkentürmen beheimateten Valentin-Karlstadt-Musäum, in dem sie lange das Café führte. Errichtet wurde das Isartor von 1285 bis 1347 für Ludwig den Bayern. Im Winter bekommt man hier heiße Feuerzangenbowle – und gelegentlich auch den gleichnamigen Heinz Rühmann-Film zu sehen.

 Sehenswert

Valentin-Karlstadt-Musäum
| Museum |

Seit 1959 ehrt man hier den Münchner Lokalhelden und Komiker Karl Valentin sowie seine Lebensgefährtin und Kollegin Liesl Karlstadt. In der schrägen Sammlung findet sich z.B. der Nagel,

an den Karl Valentin seinen Schreinerberuf hängte oder ein pelzbesetzter »Winterzahnstocher«. Im hauseigenen Kino werden seine Filme gezeigt. Übrigens: Das »V« in Valentin spricht man wie ein »F«.

■ Tal 50, www.valentin-musaeum.de, Mo, Di, Do 11.01–17.29, Fr, Sa 11.01–17.59, So 10.01–17.59 Uhr, 2,99 €, erm. 1,99 €

Bier- und Oktoberfestmuseum
| Museum |

 Ein Haus für die Dinge, ohne die München schwer vorstellbar ist

In einem liebevoll restaurierten denkmalgeschützten Bürgerhaus aus dem Jahr 1340 geht es um die Brau- und Bierkultur von der Antike bis heute und das größte Volksfest der Welt. Im Museumsstüberl kann man das beliebte Volksgetränk dann auch zu sich nehmen.

■ Sterneckerstraße 2, www.bier-und-oktoberfestmuseum.de, Di–Sa 13–18 Uhr, 4 €, erm. 2,50 €

Im Blickpunkt

Karl Valentin

An den Kult-Komiker und Wort-Virtuosen (1882–1948) erinnert man sich in München nicht nur mit einem eigenen Museum, sondern auch mit einer Statue auf einem Brunnen am Viktualienmarkt (S. 34). Er wurde in München als Valentin Ludwig Fey geboren. Zu seinem Nachlass gehören u. a. Zitate wie dieses: »Mögen hätt ich schon wollen, aber dürfen hab ich mich nicht getraut.«

Am Abend

Nein, in München werden keinesfalls mehr um Mitternacht die Bürgersteige hochgeklappt. Die Sonnenstraße hat sich sogar zu einer richtigen Partymeile entwickelt: Der Ostteil des Altstadtrings zwischen Maximiliansplatz und Sendlinger Tor, mit dem Anhang der Müllerstraße, hat wegen seiner Form auf dem Stadtplan den Spitznamen »Feierbanane« weg. Hier kann man v. a. am Wochenende von einem Club in den nächsten fallen. Aber auch für etwas ruhigere Abendunterhaltung ist einiges geboten.

 Bühne

Hofspielhaus Das kleine Theater (70 Plätze) gründete Schauspielerin Christine Brammer im Jahr 2015. Buntes Programm mit Theater, Kabarett, Konzerten und Salonabenden. ■ Falkenturmstraße 8, Tram 19 Nationaltheater, Tel. 089/24 20 93 33, www.hofspielhaus.de

Münchner Kammerspiele Hochkarätiges Theater auf der Maximilianstraße, und an weiteren Spielorten nahebei. ■ Maximilianstraße 26, Tram 19 Nationaltheater, U 3/4/5/6 Odeonsplatz, Tel. 089/23 39 66 00, www.muenchner-kammerspiele.de

Residenztheater Das »Resi« hat seine Hauptbühne neben der Oper, weitere Spielstätten im Marstall und im bildschönen Cuvilliés-Theater. ■ Max-Joseph-Platz 1, Tram 19 Nationaltheater, U 3/4/5/6 Odeonsplatz, Tel. 089/21 85 19 40, www.residenztheater.de

Deutsches Theater Die Bühne für Musicals und Shows in München. Das Traditionstheater von 1896 wurde im Jahr 2014 nach umfassender Renovierung wiedereröffnet. ■ Schwanthaler Straße 13, U 4/5, Tram und S-Bahn Karlsplatz/Stachus, Tel. 089/55 23 40, www.deutsches-theater.de

 Kneipen, Bars und Clubs

Bar Paisano Gediegene Bar, die Schauspieler Elyas M'Barek mit zwei Freunden aufgemacht hat. Mittags Lunchmenü. ■ Färbergraben 10, U 3/6, S-Bahn Marienplatz, Tel. 089/25 54 42 88, www.paisano.de, So geschl.

Call me Drella Der Club für feierfreudige Individualisten im skurrilen Interieur. Glamrock, Elektro der 1980er-Jahre, Funk, Soul und Hip Hop. Der Name spielt auf Künstler Andy Warhol an, der sich oft »Drella« nennen ließ. ■ Maximiliansplatz 5, Tram 27/28 Ottostraße, Mobil 0174/611 99 99, www.drella.de, Mi, Fr, Sa ab 22 Uhr

Cord Club Konzerte von Indie-Bands und DJ-Sets im 1960er-Jahre-Interieur. Freitags »Open Stage« für Nachwuchsmusiker. ■ Sonnenstraße 18, U 4/5, Tram und S-Bahn Karlsplatz/Stachus, Tel. 089/54 54 07 80, www.cord-muenchen.de, Mi–Fr ab 20.30, Sa ab 22 Uhr

Evergreen Im Ü30-Club mit roten Polstermöbeln und großer Bar ist donnerstags Discofox-Tanzen (mit Tanzkurs) angesagt, freitags Ü30-Party und samstags »Saturday Night Fever«. ■ Neuhauser Straße 47, U 4/5, Tram und S-Bahn Karlsplatz/Stachus, Tel. 089/59 36 96, www.evergreen-muenchen.de

Filmcasino Restaurant im Art-Déco-Interieur, ab 23 Uhr Club mit 1980er- und 1990er-Musik, House, Swing, Electro und RnB. Bis 22.30 Uhr Eintritt frei. ■ Odeonsplatz 8, U 3/4/5/6 Odeonsplatz, Tel. 089/22 08 18, www.filmcasino.net, Mi 18–1, Fr, Sa ab 19 Uhr

Harry Klein Hier legen namhafte DJs Electro, House und Techno auf. Bester Sound und anspruchsvolles Lichtkonzept. ■ Sonnenstraße 8, U 4/5, Tram und S-Bahn Karlsplatz/Stachus, Tel. 089/40 28 74 00, www.harrykleinclub.de, Mi–Sa ab 23 Uhr

Heart Edel-Club, der mit seinem »Dinner & Dance«-Konzept dem P1 (S. 63) Konkurrenz macht. Stylisches Publikum, bei den After-Wiesn-Partys zum Oktoberfest platzt die Location aus allen Nähten. ■ Lenbachplatz 2, U 4/5, Tram und S-Bahn Karlsplatz/Stachus, Tram 27/28 Ottostraße, Mobil 0160/90 90 02 24 www.h-e-a-r-t.me, Di–Sa ab 19 Uhr

High Jinks In diesem Club kommt man bei Hip Hop und aktuellen Hits in Feierlaune. ■ Elisenstraße 3, U 1/2/4/5, Tram und S-Bahn Hauptbahnhof, Mobil 0163/341 36 94, www.high-jinks.de, Fr, Sa ab 23 Uhr

Kennedy's Bar & Restaurant Großer Irish Pub am Sendlinger Tor. Täglich Livekonzerte und Sportübertragungen. Dazu irische Hausmannskost, viel Frittiertes, Burger und Steaks. ■ Sendlinger-Tor-Platz 11, U 1/2/3/6 und Tram Sendlinger Tor, Tel. 089/59 98 84 60, www.kennedysmunich.com, tgl. ab 11 Uhr

Les Fleurs du Mal Stilvolle Cocktailbar im Obergeschoss der Schumann's Bar. ■ Odeonsplatz 6–7, U 3/4/5/6 Odeonsplatz, Tel. 089/22 90 60, www.schumanns.de, Mo–Sa ab 19 Uhr

Lux Bar Genau richtig schummrige Hotelbar mit gemütlichen Nischen, »Champagner-Klingel« und leckeren Cocktails. ■ Ledererstraße 13, U 3/6, S-Bahn Marienplatz, Tel. 089/45 20 73 00, www.hotel-lux-muenchen.de

Sweet Mit 1000 m² Münchens größter Club für House, Charts und Oldschool Sounds. Die »Unicorn Bar« ist ausschließlich für Ladys. ■ Maximiliansplatz 5, U 4/5, Tram und S-Bahn Karlsplatz/Stachus, Tram 27/28 Ottostraße, Tel. 089/59 99 89 99, www.sweetclub.de, Fr, Sa ab 22.30 Uhr

Tabacco Im Interieur mit schweren Ledersesseln wie in einem britischen Gentlemen's Club besticht die 90-seitige Cocktailkarte mit großer Whiskyauswahl, gute Steaks bekommt man auch. Anders als der Name vermuten lässt, ist Rauchen nicht erlaubt. ■ Hartmannstraße 8, Tram 19 Theatinerstraße, Tel. 089/22 72 16, www.bartabacco.de, Mo–Sa ab 17 Uhr

Trader Vic's Europas letzte originale Tiki-Bar im Hotel Bayerischer Hof. Bereits seit 1972 genießt man hier Cocktails und polynesische Küche im Tiki-Flair. ■ Promenadeplatz 4, U-Bahn, S-Bahn Marienplatz, Tel. 089/212 09 95, www.bayerischerhof.de

Kinos

Astor Cinema-Lounge Kleines, feines Kino mit Loungeatmosphäre im Hotel Bayerischer Hof. Vor dem Film Service am Platz. ■ Promenadeplatz 2–6, Tram 19 Theatinerstraße, Tel. 089/212 08 11, www.astor-cinemalounge.de

Gloria-Palast Äußerst gemütliches Premiumkino mit eleganten Ledersesseln mit Fußhockern und kulinarischem Service am Platz. ■ Karlsplatz 5, U 4/5, Tram und S-Bahn Karlsplatz/Stachus, Tel. 089/120 22 01 20, www.gloria-palast.de

Übernachten

In der Münchner Innenstadt ist die Hoteldichte groß – die Autodichte allerdings auch. Parkplätze sind knapp in der Innenstadt, daher zahlt man für Garagenplätze in Hotels hier oft kräftig (22 € pro Tag sind keine Seltenheit). Zu Oktoberfest- und Messezeiten steigen die Zimmerpreise meist an.

€

Buddy Kleine Zimmer, aber jung und modern, direkt am Stachus. Technik-Fans freuen sich über den Express-Check-in-Kiosk und schnelles WLAN auf den hoteleigenen Tablets. Gratis Kaffee. ■ Sonnenstraße 2, Tel. 089/59 99 39 03, www.hotel-buddy.de

Cocoon am Stachus Günstiges, buntes Design-Hotel mit 69 Zimmern nahe Hauptbahnhof mit hauseigener Bar und Fahrradverleih. ■ Adolf-Kolping-Straße 11, Tel. 089/59 99 39 02, www.hotel-cocoon.de

Motel One München Sendlinger Tor Design-Hotel mit modernem Alpencharme. Sehr bezahlbar. ■ Herzog-Wilhelm-Straße 28, Tel. 089/51 77 72 50, www.motel-one.com

€€

25hours Hotel The Royal Bavarian Die junge, moderne Kette tobt sich mit witzigen Design-Ideen und Anspielungen auf den royalen Nachlass der Bayern aus. Zimmer von schlicht bis feudal, Restaurant, Burger-Grill und Bar. ■ Bahnhofplatz 1, Tel. 089/904 00 10, www.25hours-hotels.com

Alpen Hotel München In einer ruhigen Seitenstraße unweit des Hauptbahnhofes gelegen, punktet das Hotel mit moderner, funktionaler Ausstattung. Bei gutem Wetter kann man im kleinen Innenhof frühstücken. ■ Adolf-Kolping-Straße 14, Tel. 089/55 93 33 33, www.alpenhotel-muenchen.de

⑩ Cortiina Design- und Boutiquehotel mit bestem Service und dem Blick für Details, mitten in der Innenstadt. Gym mit New-York-Pilates-Geräten. In der Weinbar treffen sich auch Münchner gerne auf ein Glas. ■ Ledererstraße 8, Tel. 089/242 24 90, www.cortiina.com

Lux Schlichte, elegante Zimmer in bester Altstadtlage. Gratis WLAN. Frühstücksbüfett von 7–11 Uhr (Sa, So 8.30–11.30 Uhr). In der Bar kann man per Klingel Champagner ordern. ■ Ledererstraße 13, Tel. 089/45 20 73 00, www.hotel-lux-muenchen.de

The Lovelace Ein Pop-up-Hotel, das gab es in München bisher noch nicht. Nur zur Zwischennutzung bis 2019 soll das ehemalige Bankhaus gegenüber vom Bayerischen Hof als Hotel, Bar und Veranstaltungshaus bespielt werden. ■ Kardinal-Faulhaber-Straße 1, Tel. 089/25 54 93 30, www.thelovelace.com

Torbräu Das »älteste Hotel im Herzen von München«, hinter dem Isartor. Innenausstattung mit etwas in die Jahre gekommenem Charme. Freundlich, sauber und mit bestem Service. ■ Tal 41, Tel. 089/24 23 40, www.torbraeu.de

€€€

Derag Livinghotel am Viktualienmarkt Der Energieverbrauch des

Vier-Sterne-Hauses deckt sich fast vollständig durch selbst generierte erneuerbare Energien. In den hellen, modernen Zimmern schläft man auf Öl-Vitalbetten im gewünschten Härtegrad. Das Restaurant Tian serviert vegetarische Gourmet-Küche. ■ Frauenstraße 4, Tel. 089/885 65 60, www.deraghotels.de

Louis Hotel Design-Hotel mit handgefertigten Möbeln aus Nuss- und Eichenholz, direkt am Viktualienmarkt. Im Restaurant Emiko genießt man moderne japanische Küche nach dem »Sharing-Prinzip«, auch auf der Dachterrasse. ■ Viktualienmarkt 6 (mit dem Auto: Rindermarkt 2), Tel. 089/41 11 90 80, www.louis-hotel.com

Maximilian Munich 54 Studios und Suiten verteilen sich auf ein Haupthaus und zwei Gartenhäuser. Beste Altstadt-Lage zwischen Marienplatz und Maximilianstraße. Kleiner Wellnessbereich, Concierge und Roomservice. ■ Hochbrückenstraße 18, Tel. 089/24 25 80, www.maximilian-munich.com

Platzl Hotel Komfortables Vier-Sterne-Haus in zentraler Lage, hinter dem Hofbräuhaus. Frühstücksbüfett mit Weißwurst und Co. von 6.30 bis 11 Uhr (am Wochenende: bis 12 Uhr). Wellnessbereich mit orientalischem Touch und zwei hervorragende Restaurants. ■ Sparkassenstraße 10, Tel. 089/23 70 30, www.platzl.de

The Charles Hotel Modernes Fünf-Sterne-Hotel mit geräumigen Zimmern am Alten Botanischen Garten. Bester Service, Gastronomie und der längste Hotelpool der Stadt. An den Wänden hängen zahlreiche Werke des Porträtmalers Franz von Lenbach. ■ Sophienstraße 28, Tel. 089/544 55 50, www.roccofortehotels.com

Vier Jahreszeiten Kempinski München Fünf-Sterne-Haus auf der noblen Maximilianstraße, das im Jahr 1858 auf Wunsch von König Maximilian II. erbaut wurde. Das Spa bietet einen herrlichen Blick über die Stadt. ■Maximilianstraße 17, Tel. 089/21 25 27 99, www.kempinski.com

Ein »Adelsgemach«, eines der 165 Zimmer des 25hours Hotels The Royal Bavarian

Entlang der Isar

An den Ufern des schönen, wilden Alpenflusses die Seele baumeln lassen und ringsum allerlei Sehenswürdigkeiten bestaunen

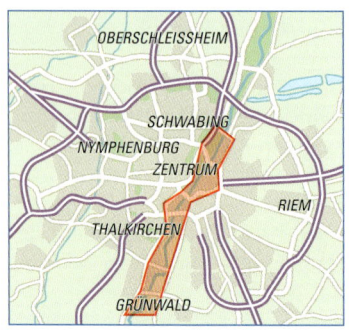

Nicht nur wegen des hohen Freizeitwertes ist die Gegend rund um die Isar einen Besuch wert. Hier verteilen sich auf beiden Seiten des Ufers auch viele Sehenswürdigkeiten, z.B. die prachtvolle Prinzregentenstraße, die isarnah verläuft, mit ihren zahlreichen Jugendstilgebäuden und Museen, wie etwa der Villa des Malerfürsten Franz von Stuck. Sehr charmant ist auch das Asam-Schlössl im Münchner Süden.

Von Südwest nach Nordost fließt die Isar auf etwa 14 km durch die Stadt und ist, v.a. seit der Renaturierung ihrer Ufer vor einigen Jahren, ein Quell der Freude für die Münchner und ihre Besucher. Mit dem Umbau bekam der Alpenfluss wieder ein wenig von seiner Wildheit zurück. Ob in den Frühlingsanlagen nahe des Deutschen Museums, auf den Stufen unter der Reichenbachbrücke oder am Flaucher in der Nähe des Tierparks: An der Isar kann man malerisch Sonnenbaden, Radfahren, Joggen oder Grillen. Auf dem Wasser verkehren im Sommer im Süden der Stadt sogar Flöße – und Schlauchboote. Die Wildheit des Flusses ist jedoch nach längeren Regenphasen nicht zu unterschätzen. Das Baden ist in der innerstädtischen Isar nur in bestimmten Bereichen erlaubt. Diskutiert wird, einen Bereich als Isarflussbad zu gestalten. Im Schwimmbad Maria-Einsiedel im Süden der Stadt kann man ein solches Naturbad bereits erleben.

In diesem Kapitel:

ADAC Top Tipp:

 Deutsches Museum
| Museum |
Das größte naturwissenschaftlich-technische Museum der Welt auf der Museumsinsel. 52

ADAC Empfehlungen:

14 Prinzregenten-
straße

*Kilometerlange Prachtstraße zu
Füßen des Friedensengels*

■ Tram 16, Bus 100 Friedensengel/Villa
Stuck, U 4 Prinzregentenplatz

Die über 3 km lange Prinzregentenstraße ist neben der Brienner Straße,
Ludwig- und Maximilianstraße die
vierte bedeutende Prachtstraße Münchens und als Ensemble-Baudenkmal
geschützt. Ihren Anfang nimmt sie mit
dem mächtigen Haus der Kunst am
südlichen Ende des Englischen Gartens, dann quert sie die Isar und führt
hinauf zum Friedensengel, bis sie
schließlich, weit im Osten, am Mittleren Ring endet. Mit Kunst und Kultur ist
die Prinzregentenstraße reich geseg-
net, es lohnt sich, auf ihren breiten
Boulevards zu flanieren und sie, auch
etappenweise, zu erkunden.

 Sehenswert

Haus der Kunst
| Museum |

Das, was heute im Haus der Kunst gezeigt wird, hätte wohl ursprünglich
hier keinen Anklang gefunden: spannende Themenausstellungen und Re-
trospektiven moderner und zeitgenössischer Künstler. Im Jahr 1937 von
Adolf Hitler als »Haus der Deutschen
Kunst« eröffnet, hat sich das Museum
seiner Vergangenheit gestellt und sich
zu einem der wichtigsten Ausstellungshäuser in München und darüber
hinaus entwickelt. Eine kostenlose
Ausstellung ist der Geschichte des
Hauses gewidmet, die Sammlung Ing-
vild Goetz zeigt Film- und Medienkunst. Auch die Goldene Bar (S. 63)
ist einen Besuch wert.

■ Prinzregentenstraße 1, Tel. 089/21 12
71 13, www.hausderkunst.de, tgl. 10–20,
Do bis 22 Uhr (Sammlung Goetz nur Do–
So), 12–14 €, erm. 5 €, unter 12 J. frei

Das Haus der Kunst gehört zu den wichtigsten Ausstellungshäusern Münchens

Bayerisches Nationalmuseum

| Museum |

Die Sammlung des Bayerischen Nationalmuseums ist keineswegs auf Bayern beschränkt. Vielmehr zeigt man hier europäische Kunst und Kultur aus zwei Jahrtausenden. Von Malerei, Skulptur und Kunsthandwerk bis zu Schmiedearbeiten, Teppichen, Möbeln, Waffen und Porzellan. Vieles davon stammt aus dem Besitz der Wittelsbacher. Die Sammlung Bollert zeigt mittelalterliche Skulpturen.

■ Prinzregentenstraße 3, Tel. 089/211 2401, www.bayerisches-nationalmuseum.de, Di–So 10-17, Do bis 20 Uhr, 6–7 €, So 1 €, unter 18 J. frei

Friedensengel

| Denkmal |

Auf einer 23 m hohen Korinthersäule thront die 6 m hohe Siegesgöttin, eine Nachbildung der Nike des Paionios. Sie erinnert an die 25 friedlichen Jahre nach dem Deutsch-Französischen Krieg von 1870/1871. Vom Säulentempel, auf dem sie steht, bietet sich eine wunderbare Aussicht auf die Stadt. Zum Sonnenuntergang strahlt die goldene Statue besonders schön, der darunter liegende Springbrunnen wird nachts beleuchtet.

■ Europaplatz 1

Sammlung Schack

| Museum |

In der Sammlung des Grafen Adolf Friedrich von Schack, die heute Teil der Bayerischen Staatsgemäldesammlungen ist, befinden sich viele Werke deutscher Landschafts- und Historienmaler. »Der Hirtenknabe« von Franz von Lenbach, Moritz von Schwinds »Morgenstunde« und Carl Spitzwegs »Hypochonder« gehören zu den rund 200 Gemälden und 70 Gemäldekopien, die Schack sein Eigen nannte.

■ Prinzregentenstraße 9, www.pinakothek.de/besuch/sammlung-schack, Mi–So 10–18, 3–4 €, So 1 €, unter 18 J. frei

Museum Villa Stuck

| Museum |

Die 1897/1898 entstandene Jugendstilvilla des Malerfürsten Franz von Stuck galt schon zu dessen Lebzeiten als Gesamtkunstwerk. In einem Teil des Hauses sind Räume mit Stucks Originalmöblierung zu sehen, etwa seine Bibliothek mit Originalausgaben von Franz Wedekind und Oscar Wilde, im anderen Teil gibt es wechselnde Ausstellungen zur Kunst des 19. und 21. Jh. Mit Museumscafé.

■ Prinzregentenstraße 60, www.villastuck.de, Di–So 11–18 Uhr, 4,50–9 €, unter 18 J. frei

Prinzregententheater

| Theater |

Mit dem Richard-Wagner-Festspielhaus in Bayreuth als Vorbild, wurde das Prinzregententheater um 1900 gebaut. Von 1944 bis 1963 spielte hier die Bayerische Staatsoper, dann wurde das Gebäude wegen Baufälligkeit geschlossen. Im Jahr 1988 wurde es auf Initiative von Regisseur und Intendant August Everding mithilfe von Privatspenden wieder restauriert. Seitdem wird das Gebäude für klassische Konzerte, Opern und Tanztheateraufführungen genutzt. Im Akademietheater im rückwärtigen Teil des Prinzregententheaters dürfen die Studenten der von Everding gegründeten Theaterakademie ihre Arbeit zeigen.

■ Prinzregentenplatz 12, www.prinzregententheater.de

Im Blickpunkt

Das Jahr in München

Der Rhythmus des Münchner Jahres: Nach der Faschingszeit beginnt mit der Fastenzeit auch die Starkbierzeit – eine Traditionsveranstaltung auf dem Nockherberg. Im Mai finden bei der Langen Nacht der Musik Hunderte von Konzerten an den unterschiedlichsten Orten statt. Im Juni feiert man die Stadtgründung mit einem großen Fest in der Innenstadt. Für das Streetlife Festival wird im Juni und September jeweils ein Wochenende lang die Leopoldstraße für Autofahrer gesperrt. Das Tollwood Sommerfestival lockt ab Juni in den Olympiapark mit Markt und Konzerten. Im Juni bzw. Juli wird beim traditionellen Kocherlball am Chinesischen Turm in den frühen Morgenstunden getanzt, und das Filmfest zieht Cineasten in die Stadt. Das Oktoberfest beginnt im September und endet am ersten Oktoberwochenende. Zum München Marathon zieht es im Oktober die Läufer auf die Straßen. Und in der Vorweihnachtszeit finden zahlreiche Christkindlmärkte statt.

P Parken

Parkplatz-App Nach Registrierung kann man bei Ampido (kostenlos für Android und iOS) private Parkplätze und Garagen zu einem günstigen Preis reservieren und mieten. Die App navigiert einen sogar zum Parkplatz.
■ www.ampido.com

 Restaurants

€€€ | **Käfer** Feinkostladen für den gehobenen Lebensmitteleinkauf, Kleinigkeiten zum Essen (z. B. exzellentes Wiener Schnitzel oder eine Bouillabaisse frisch aus der Fischabteilung) im Bistro, feine Menüs im Restaurant.
■ Prinzregentenstraße 73, Tel. 089/416 82 47, www.feinkost-kaefer.de, Mo–Fr 9.30–20, Sa 8–16 Uhr

15 Wiener Platz

⑪ *Dorfcharakter in München und ständiger Markt*

■ Tram 16 Wiener Platz, U 4/5 und Tram 9, 15, 25 Max-Weber-Platz

Kein Wunder, dass der Wiener Platz im Stadtteil Haidhausen so oft in Filmen auftaucht: Hier unter dem Maibaum zeigt sich Münchens dörfliches Flair besonders charmant mit einem ständigen Markt (Mo–Sa) und kleinen Geschäften ringsum. Pause machen kann man in einem der größten Biergärten der Stadt, und die Maximiliansanlagen an der Isar laden zum Spazieren ein. Großstadt-Feeling vermitteln trendige Läden und Boutiquen rund um die Innere Wiener Straße.

 Sehenswert

Maximilianeum – Bayerischer Landtag

| Regierungsgebäude |
Wenn die Abendsonne auf das Maximilianeum scheint, zeigt sich der Prachtbau von seiner schönsten Seite. Das unter König Maximilian II. entstandene Gebäude ist zudem ein guter Aussichtspunkt über die Stadt. Bevor

Der Wiener Platz im Stadtteil Haidhausen mit der Johanneskirche im Hintergrund

hier 1949 der Bayerische Landtag einzog, war das Gebäude bereits seit 1876 Sitz der Stiftung Maximilianeum für besonders begabte bayerische Studenten – und ist es bis heute. Einige Räumlichkeiten sind im Rahmen öffentlicher wechselnder Ausstellungen zugänglich, bei einem jährlichen Tag der offenen Tür im Herbst kann man auch die Säle sehen, in denen hier Politik gemacht wird.

■ Max-Planck-Straße 1, Tram 18/19 Maximilianeum, U 4/5 Max-Weber-Platz, www. bayern.landtag.de

Preysingstraße
| Promenade |
In der beschaulichen Straße in Haidhausen fühlt man sich in vergangene Zeiten zurückversetzt: Stattliche Gründerzeithäuser wechseln sich mit vorindustriellen Kleinhäusern ab. Der Kriechbaumhof (Preysingstraße 71)

stand früher etwas weiter in der Wolfgangstraße und diente im 18. und 19. Jh. als Herbergshaus. Heute ist er Jugendtreff des Alpenvereins.

Üblacker Häusl
| Museum |
Auf wie engem Raum man im Armeleuteviertel Haidhausen einst wohnte, ist im Üblacker Häusl dokumentiert. Wohn- und Schlafraum einer Tagelöhnerfamilie sowie wechselnde Ausstellungen werden in dem Herbergenmuseum, einer Abteilung des Münchner Stadtmuseums, gezeigt.

■ Preysingstraße 58, Tel. 089/480 76 79, www.freunde-haidhausens.de, Mi, Do 17–19, Fr, So 10–12 Uhr

Gasteig
| Kulturzentrum |
Das Backstein-Glas-Gebäude am Isarhochufer ist seit den 1980er-Jahren ein

wichtiges Kulturzentrum in München. 1700 Veranstaltungen finden hier jedes Jahr statt, u.a. die Münchner Bücherschau im November, die größte regionale Buchausstellung. Fünf große Säle und zahlreiche andere Räumlichkeiten stehen für Konzerte, Theatervorstellungen, Filme, Ausstellungen und Vorträge zur Verfügung. Außerdem befinden sich hier die Zentrale der Stadtbibliothek und der Münchner Volkshochschule sowie das Bistro »le copain« und das Restaurant »gast«. ■ Rosenheimer Straße 5, www.gasteig.de

 Cafés

Preysinggarten Kinder lieben den an den Wirtsgarten angeschlossenen Spielplatz, die Erwachsenen das charmante Interieur mit getäfelten Holzwänden, das Frühstück bis 15 Uhr und die köstlichen Kuchen. ■ Preysingstraße 69, Tel. 089/68 67 22, www.preysinggarten.com, Mo geschl.

Zum Kloster Draußen sitzt man an einer verkehrsberuhigten Straße mit historischen Häusern pittoresk unter Kirschen, drinnen in einer gemütlichen Wirtschaft mit bayerischer Küche. ■ Preysingstraße 77, Tel. 089/447 05 64, tgl. 10–24/1 Uhr

 Biergärten

Hofbräukeller Hier hatte einst die Hofbräu-Brauerei ihren Sitz, nachdem es am Platzl zu eng geworden war. Jetzt ist hier »nur noch« eine große Wirtschaft mit einem der schönsten Biergärten der Stadt (samt Cocktailbar). ■ Innere Wiener Straße 19, 089/459 92 50, www.hofbraeukeller.de

 Events

Filmfest München Deutschlands größtes sommerliches Filmfestival im Gasteig. Zahlreiche Open-Air-Filmvorführungen. ■ 10 Tage Ende Juni/Anfang Juli, www.filmfest-muenchen.de

Das größere der zwei Becken im Müller'schen Volksbad: das »Herrenbecken«

16 In der Au

Charmantes einstiges Handwerker-viertel am rechten Isarufer

■ Tram 17 Eduard-Schmid-Straße, U 1/2 Kolumbusplatz

Die Au, ein kleines Viertel auf der östlichen Seite der Isar, gegenüber der Innenstadt, ist heute eines der beliebtesten Wohnviertel Münchens. Das war nicht immer so, lebten hier doch früher, immer von Überschwemmungsgefahr bedroht, eher die ärmeren Bevölkerungsschichten. Hier kam auch der Münchner Kult-Komiker Karl Valentin (S.39) zur Welt. Eine Schautafel erinnert an seinem Geburtshaus (Zeppelinstraße 41) an ihn. Verkehrsberuhigte Straßen wie der Bereiteranger und die Quellenstraße, aber auch die hübsche Franz-Prüller-Straße haben dörflichen Charme. Die betriebsame Ohlmüllerstraße beginnt an der Reichenbachbrücke und führt zu zwei wichtigen Stätten für Tradition und Brauchtum, der Auer Dult (am Mariahilfplatz) und dem Nockherberg, Schauplatz und Synonym für das alljährliche Starkbierfest.

 Sehenswert

Müller'sches Volksbad
| Schwimmbad |
Im ältesten öffentlichen Hallenbad Münchens können Besucher im wahrsten Sinne des Wortes in die Vergangenheit abtauchen. Das 1901 eröffnete Jugendstil-Bad mit seinen Bronzestatuen, Stuck und Wandmalereien ist bis heute nahezu detailgetreu erhalten und verfügt über einen großen Sauna- und Wellness-Bereich.

ADAC *Mittendrin*

Dreimal im Jahr (Anfang Mai, Anfang August und Mitte Oktober) verwandelt sich der sonst eher stille Mariahilfplatz in einen geschäftigen Marktplatz. Hunderte traditionsreiche Marktstände bieten hier Antiquitäten, Haushaltswaren oder Lederhosen feil. Typisch bayerische Schmankerl gibt's auf den **Auer Dulten** natürlich auch. Bierzelt, Kettenkarussell und Mini-Riesenrad machen den Festcharakter komplett.
Mariahilfplatz, www.auerdult.de

■ Rosenheimer Straße 1, www.swm.de, tgl. 7.30–23 Uhr, 4,50 €

Biergarten am Nockherberg
| Biergarten |
Im 17. Jh. begannen die Paulaner Mönche hier Bier zu brauen. Das Kloster gibt es nicht mehr, sehr wohl aber die Wirtschaft der Brauerei und den großen Biergarten auf dem Nockherberg. Zu Ehren des Ordensgründers Franz von Paola wurde zur Fastenzeit immer eine ganz besondere Biersorte ausgeschenkt, das »Sankt-Vater-Bier«, später »Salvator«, denn dieses »flüssige Brot« galt nicht als Fastenbrechen. Heute ist der »Salvator-Ausschank«, die Starkbierzeit, in München eine Art »Fünfte Jahreszeit«. Sie beginnt um den 19. März (Josefstag) und dauert 17 Tage. Den Auftakt bildet der Starkbieranstich mit dem berühmten »Politiker-Derbleck'n«, einer satirischen Veranstaltung, bei der bayerische Politiker aufs Korn genommen werden.
■ Hochstraße 77, Tel. 089/459 91 30, www.nockherberg.com

Restaurants

€€ | Giesinger Bräu Bräustüberl Nicht in der Au, sondern im benachbarten Viertel Giesing kann man in der jungen Brauerei dem Bier beim Entstehen zusehen, während man es probiert. Abends großer Andrang, also besser reservieren. ■ Martin-Luther-Straße 2, Tel. 089/55 06 21 84, www.giesinger-braeu.de, tgl. ab 10/11 Uhr

 €€ | Wirtshaus in der Au Der Knödelspezialist unweit des Deutschen Museums. Sensationell ist hier auch der Kaiserschmarrn. ■ Lilienstraße 51, Tel. 089/448 14 00, www.wirtshausinderau.de, Mo–Fr 17–24, Sa, So 10–24 Uhr

 Cafés

Café Hüller In Isarnähe bekommt man hier sowohl preiswerte Mittagsgerichte als auch leckere Kuchen. ■ Eduard-Schmid-Straße 8, Tel. 089/18 93 87 13, www.cafe-hueller.de, tgl. ab 10/11 Uhr

ADAC *Mittendrin*

Auf der Museumsinsel nördlich des Deutschen Museums wird im Sommer ein **Stadtstrand** mit Sand, Liegeplätzen und Kunst- und Kulturprogramm errichtet. Kinder planschen im großen neobarocken Vater-Rhein-Brunnen, Erwachsene genießen Drinks und DJ-Sets, die Füße im Sand. Ein abwechslungsreiches Musik- und Kulturprogramm, dazu Spielangebote für Kinder und Gastronomie. *Auf der Insel, www.kulturstrand.org, Mitte Mai–Mitte August tgl. 12–24 Uhr*

 Einkaufen

Hosenträgernäherei Hier gibt es ausschließlich Hosenträger, und zwar mit jedem nur vorstellbaren Motiv. ■ Oefelestraße 3, Tel. 089/651 78 62, www.hosentraegernaeherei.de, Mi 14–18 Uhr

17 Deutsches Museum

 Eines der bedeutendsten technischen Museen der Welt

■ Tram 16 Deutsches Museum, S-Bahn Isartor
■ Museumsinsel 1, www.deutsches-museum.de, tgl. 9–17 Uhr, 11 €, erm. 4 €

Von A wie Astrophysik bis Z wie Zellbiologie: Im Deutschen Museum mit seinen rund 30 000 Exponaten und zahlreichen Experimenten und Vorführungen (vom Papierschröpfen bis zu Stickstoff-Experimenten) ist für jeden Technik-Fan etwas geboten. Kein Wunder, dass das Museum mit jährlich 1,5 Mio. Besuchern das meistbesuchte Deutschlands ist. 1925 eröffnet, wird es bis 2025 generalüberholt – daher sind nicht immer alle Abteilungen zugänglich. Im Jahr 2019 soll ein Dachterrassen-Restaurant mit Isarblick eröffnen.

 Sehenswert

DNA-Besucherlabor
| Ausstellung |
Im ZNT (Zentrum Neue Technologien) schwebt über den anderen Exponaten in einer futuristischen weißen Kugel das DNA-Besucherlabor. Hier kann man die eigene DNA isolieren und nach Hause mitnehmen. Dafür sind lediglich ein paar Schleimhautzellen aus dem Mund nötig.

Von der Isar umflossen liegt das Deutsche Museum auf der Museumsinsel

Hochspannungsanlage
| Ausstellung |
Mehrmals am Tag knallt es heftig, wenn Mitarbeiter des Museums an der Hochspannungsanlage demonstrieren, wie sicher man in einem faradayschen Käfig vor Blitzeinschlag geschützt ist.

Kinderreich
| Ausstellung |
Ein Paradies für 3- bis 8-Jährige, die hier mit einer Kugelbahn und Bauklötzen spielen, mit Wasser experimentieren oder in eine Riesengitarre klettern können. Mo–Fr um 15 Uhr Mitmachprogramm.

Aussichtsterrassen
| Aussichtspunkt |
Das Deutsche Museum bietet von zwei Aussichtsterrassen unterhalb des Planetariums einen guten Blick auf die Stadt. Vom südlichen Punkt mit Sonnenuhrgarten sieht man Richtung Gasteig und Mariahilfplatz, von der nördlichen Terrasse über die Altstadt.

18 Rund um die Museumsinsel

8,6 ha große Flussinsel in der Isar mitten in der Innenstadt

■ Tram Deutsches Museum, Bus Ludwigsbrücke

Zwischen der Cornelius- und Ludwigsbrücke liegt die Museumsinsel, die die Isar hier in die linksseitige Große Isar und die naturnahe Kleine Isar teilt. Der Wehrsteg und die Zenneckbrücke führen auf die vom Deutschen Museum dominierte Insel. Das kiesbedeckte Isarufer ist im Sommer ein beliebter Stadtstrand.

Nach Architekt Friedrich von Gärtner benannter Platz mit dem Staatstheater

 Sehenswert

Ludwigsbrücke

| Brücke |

Wo heute die Ludwigsbrücke die Isar überspannt, wurde bereits zu Zeiten Heinrich des Löwen eine Brücke gebaut. Er wollte Zölle des auf dieser Route stattfindenden Salzhandels einnehmen, eine wichtige Voraussetzung für die wirtschaftliche Entwicklung Münchens. Die auf den Namen Ludwigs I. getaufte Ludwigsbrücke verbindet die Innenstadt mit den Stadtteilen Haidhausen und Au auf der gegenüberliegenden Isarseite. Auf der östlichen Isarseite lohnt ein Blick unter die Brücke, denn dort zieren farbenfrohe Murals die Wände.

St. Lukas

| Kirche |

Die evangelisch-lutherische Pfarrkirche unweit der Isar wurde von 1893 bis 1896 im Stil des Historismus nach Plänen von Albert Schmidt errichtet. Eines der wenigen Beispiele dieses Stils in München, die Kirche überlebte den Zweiten Weltkrieg unversehrt. Die Außenarchitektur enthält romanische Elemente, die an katholische Gotteshäuser erinnern, im Inneren dominiert die schlichtere Frühgotik. Das Hochaltarbild stammt von Gustav Adolf Goldberg und stellt die Grablegung Christi dar. Regelmäßig finden hier Kirchenmusikkonzerte und andere kulturelle Veranstaltungen statt.

■ Mariannenplatz 3, www.sanktlukas.de

Praterinsel

| Veranstaltungsort |

Ähnlich wie die Museumsinsel eine weitere kleine, bebaute Insel inmitten der Isar. Die Fabrikhallen einer ehemaligen Schnapsbrennerei bieten Kunst und Kultur bei wechselnden Ausstellungen und Events einen stilvollen Hintergrund. Im Sommer wird hier re-

ADAC *Wussten Sie schon?*

Einmal im Jahr findet an der Ludwigsbrücke ein Ritual der griechisch-orthodoxen Gemeinde Münchens statt: Am **Dreikönigstag** (6. Januar), an dem diese auch die Taufe Christi feiert, segnet ein Priester das Wasser der Isar. Dazu wird dreimal ein Kreuz in das Isar-Wasser geworfen und wieder herausgefischt. Letzteres erledigen die Schwimmer der Wasserwacht (in Neopren-Anzügen).

gelmäßig ein exklusiver Strandclub im Innenhof aufgebaut. Das Publikum auf der »Prada-Insel«, wie sie scherzhaft genannt wird, ist meist jung und hip.
■ Praterinsel 3–4, www.feinkost-kaefer. de/praterinsel

Alpines Museum
| Museum |

Im Museum des Alpenvereins auf der Praterinsel kann man mitten in der Stadt die Welt der Berge erleben. Bergfans können hier u.a. die »Hölle«, d.h. die originale Höllentalangerhütte erkunden, mit der die Anfänge des Schutzhüttenbaus nachgezeichnet werden. Neben einer Dauerausstellung und wechselnden Ausstellungen finden hier auch zahlreiche andere Alpen-thematische Veranstaltungen statt. (Die Dauerausstellung ist bis Anfang 2018 nicht zu sehen, da sie derzeit umgestaltet wird.)
■ Praterinsel 5, www.alpenverein.de/ Kultur/Museum, Di–So 10–18 Uhr, 4,50 €, erm. 1 €

Frühlingsanlagen
| Park |

Besonders schön und innenstadtnah ist der Park am rechten Isarufer zwischen Reichenbach- und Wittelsbacherbrücke. Auf der Wiese picknicken Münchner in der Mittagspause gern, und auf einem Spielplatz können sich Kinder austoben.

 Restaurants

€€ | Königsquelle Alpenküche in stilvollem und ruhigem Ambiente. Täglich wechselnde Karte, exzellente Weinkarte. ■ Baaderplatz 2, Tel. 089/ 220071, www.koenigsquelle.com, So– Do ab 17, Sa ab 19 Uhr

 ADAC *Mittendrin*

Orientierung an der Isar bietet die praktische **Isar-Map**. Sie zeigt auf einen Blick die Grillzonen, Abfallbehälter, Toiletten und Kioske in der Nähe.
www.isar-map.de

19 Gärtnerplatz

 Platz mit südländischem Flair im Münchner Szene-Viertel

■ Bus 52/62 Gärtnerplatztheater, Tram 16/18 Reichenbachplatz
■ Gärtnerplatz 1

Rund um einen Brunnen und üppige Blumenbeete auf dem 1860 errichteten Rondell finden sich die Münchner tagsüber, aber auch zu später Stunde gerne ein. In den Straßen rund um den Platz, im beliebten Gärtnerplatz- und Glockenbachviertel mit schönen Altbauten, befinden sich nette kleine Geschäfte, Restaurants und Cafés.

 Sehenswert

Staatstheater am Gärtnerplatz
| Theater |

Das im Jahr 1865 im spätklassizistischen Stil errichtete Theater ist ein schöner Hingucker am Gärtnerplatz. Erst kürzlich wurde es saniert. Zunächst als bürgerliches Pendant zu den Hoftheatern gedacht, erklärte es Ludwig II. 1872 zur dritten Hofbühne. Das »Königliche Theater am Gärtnerplatz« blieb bis in die 1930er-Jahre im Besitz der Wittelsbacher. Früher vor allem für Operetten bekannt, steht heute die ganze Bandbreite des Musiktheaters mit Musicals und Ballett, aber auch zeitgenössischer Oper auf dem Programm.

■ Gärtnerplatz 3, www.gaertnerplatz theater.de

Reichenbachbrücke
| Brücke |

Von der 1842 gebauten, 140 m langen Brücke, die vom Gärtnerplatzviertel in die Au führt, hat man einen guten Blick auf die renaturierte Isar mit ihren beliebten Liegewiesen und auf die Türme der St. Maximilianskirche. Legendär ist der Kiosk auf der Gärtnerplatzseite, täglich 23 Stunden geöffnet und damit eine der wenigen Rundum-die-Uhr-Einkaufsmöglichkeiten in der Stadt München.

■ Fraunhoferstraße 46, www.kiosk-muenchen.de

 Restaurants

€€ | **Deutsche Eiche** Einer der ältesten Treffs der Münchner schwul-lesbischen Szene. Hier feierten schon Freddie Mercury und Rainer Werner Fassbinder. Mit schöner Dachterrasse. ■ Reichenbachstr. 13, Tel. 089/231 16 00, www.deutsche-eiche.de, tgl. ab 7 Uhr

€€ | **Wirtshaus Maximilian** Bayerische und Südtiroler Spezialitäten, das Servicepersonal trägt Dirndl oder Lederhosen. ■ Westermühlstraße 32, Tel. 089/74 04 08 54, www.wirtshaus-maximilian.de, tgl. ab 12 Uhr

 Cafés

Schneewittchen Weiß wie Schnee ist die Einrichtung in diesem kleinen, eleganten Café unweit von Glockenbach

Rund um den Flauchersteg treffen sich Sonnenanbeter und Grillfreunde

ADAC *Wussten Sie schon?*

Tolle Gelegenheiten, in München »hinter die Kulissen« zu gucken und in sonst eher unzugängliche Orte Einblick zu erhalten, bieten sich von Mai bis September bei den **Hofflohmärkten**. Jedes Wochenende in einem anderen Viertel tun sich die Nachbarn zusammen und verkaufen Kunst, Krempel und Kuchen. Bunte Luftballons weisen den Weg in die Innenhöfe. *www.hofflohmaerkte.de/muenchen*

und Isar. Es gibt frische, hausgemachte Brote und leckere Kuchen. ■ Am Glockenbach 8, Tel. 089/38 90 40 59, www.schneewittchen-muenchen.de, Di–So 10–19 Uhr

20 Alter Südlicher Friedhof

Malerische letzte Ruhestätte für berühmte Münchner des 19. Jahrhunderts

- ■ U-Bahn Sendlinger Tor, Goetheplatz
- ■ Thalkirchner Straße 17

Der Bestattungsbetrieb ist hier längst eingestellt, heute ist der Friedhof v.a. ein schöner ruhiger Park zum Spazierengehen. Im Jahr 1563 von Herzog Albrecht V. als Pestfriedhof vor den Toren der Stadt angelegt, war der Südliche Friedhof zwischen 1788 und 1886 der einzige Münchens.
Berühmte Münchner Baumeister wie Georg von Hauberrisser, Friedrich von Gärtner oder Leo von Klenze liegen hier ebenso begraben wie der Dichter Carl Spitzweg und der Physiker Georg Simon Ohm.

 Restaurants

€€ | **Goldmarie** Die Einrichtung mit Holzbänken und -tischen ist angenehm schlicht, das Essen appetitlich, gutbürgerlich mit modernem Touch. ■ Schmellerstraße 23, Tel. 089/51 66 92 72, www.goldmarie-muenchen.de, Mo–Fr 12–15 und 18–24 Uhr, Sa nur abends

 Cafés

Aroma Kaffeebar Wer einen Platz auf den begehrten Stühlchen vor der Tür bekommt, freut sich. Drinnen gibt es nicht nur besten Kaffee, sondern auch herrlichen Schnickschnack zu kaufen. ■ Pestalozzistraße 24, Tel. 089/26 94 92 49, www.aromakaffeebar.com, Mo–Fr 7–22, Sa 9–22, So 9–20 Uhr

gangundgäbe Eine kleine, aber feine Kaffeerösterei mit Tagescafé. Wenn frisch geröstet wird, bleibt das Café geschlossen. ■ Kapuzinerstraße 12, Tel. 089/55 27 83 43, www.gangundgaebe.de, Mo, Mi, Do 8–17, Di, Fr 12–17 Uhr

21 Flaucher

 Eines der beliebtesten Naherholungsgebiete an der Isar

- ■ U3 Thalkirchen

Der Münchner Wirt Johann Flaucher mit seiner um 1870 eröffneten Gastwirtschaft »Zum Flaucher« gab diesem beliebten Isar-Naherholungsgebiet in Thalkirchen den Namen. Am Flaucher treffen sich die Münchner im Sommer zum Grillen, Chillen und Sporttreiben, und das ganze Jahr über ist die »Isar-Riviera«, der Bereich zwischen Brudermühlbrücke, Tierpark und südlicher Stadtgrenze, ein belieb-

Im Blickpunkt

Isar-Renaturierung

Im Zuge der Industrialisierung wurde die einst so wilde Isar immer mehr gezähmt und in Beton gezwängt. Ab Mitte der 1980er-Jahre gab es Bestrebungen, sie wieder natürlicher fließen zu lassen, aber umgesetzt wurden diese Pläne erst ab 2000. Zwischen der Corneliusbrücke im Norden und der Großhesseloher Brücke im Süden wurde der voralpine Wildfluss an vielen Stellen wieder verbreitert, die Ufer wurden abgeflacht und naturnah umgestaltet. Das ist nicht nur schöner, sondern bietet auch besseren Hochwasserschutz.

ter Ort zum Entspannen. Großzügige Grünanlagen zu beiden Seiten des Flusses laden zu Spaziergängen ein. Über den Flauchersteg kommt man nicht nur über die Isar, sondern auch zu den Kiesbänken im Fluss, die im Sommer ein gern genutztes Grill-Revier von Münchner Familien ebenso wie von jüngerem Publikum sind.

 Restaurants

€ | Gaststätte Großmarkthalle Weißbier, dazu eine zünftige Brotzeit. V.a. die Weißwürste der urigen Wirtschaft mit eigener Metzgerei sind legendär. ■ Kochelseestraße 13, www.gaststätte-großmarkthalle.de, So geschl.

€€ | Bavarese Italienisch-bayerische Küche auf der »Piazza« im Dreimühlenviertel. ■ Ehrengutstraße 15, Tel. 089/52 03 34 37, www.bavarese.net, Mo–Sa ab 17, So ab 10 Uhr

 Biergärten

Zum Flaucher Idyllisch in den Isarauen gelegen, mit Kinderspielplatz und Tanzboden für Fans von Tracht, Volks- und Brass-Musik. ■ Isarauen 8, Tel. 089/723 26 77, www.zum-flaucher.de

22 Tierpark Hellabrunn

(15) *Eindrucksvoller Geozoo in den idyllischen Isarauen*

■ U-Bahn Thalkirchen (Isar-Eingang) oder Bus 52 Tierpark (Flamingo-Eingang) ■ Tierparkstraße 30, www.hellabrunn.de, April–Okt. 9–18, Nov.–März 9–17, Weihnachten und Silvester 9–16 Uhr, 15 €, erm. 6 €

1911 eröffnet, begann der Tierpark ab 1928 nach Ideen von Carl Hagenbeck als erster »Geozoo« der Welt, die Tiere nach Kontinenten gesammelt zu präsentieren, von Afrika bis zur Polarwelt. Ein eigener Bereich ist der Welt der Vögel gewidmet. In den kommenden Jahren wird der Zoo nach einem großen Masterplan in einen »Geozoo der Biodiversität« verwandelt, ein besonderer Fokus liegt auf der Pflege bedrohter Arten. Über 750 Tierarten mit knapp 19 000 Tieren leben heute in der schönen Anlage im Landschaftsschutzgebiet der Isarauen. Tiertrainings und Fütterungen bieten Unterhaltung für große und kleine Besucher.

 Sehenswert

Polarwelt
| Tiergehege |
Die Eisbärenanlage in der Polarwelt ist eine der größten und modernsten in

Europa. Ihre Bewohner kann man nicht nur in ihrer großzügigen Tundra- und Taigalandschaft beobachten, sondern auch in einem Tauchbecken mit Unterwassereinsicht. Täglich um 15.30 Uhr geben die Tierpfleger in der Eisbärenanlage allerlei Wissenswertes über die Polartiere zum Besten.
Auch Pinguine und Robben haben ihre Bereiche in der Polarwelt. Das Seelöwen-Training findet täglich um 11.30 und 14.30 Uhr im Robben-Kindergarten statt.

Elefantenhaus
| Tiergehege |
Das im Jahr 1914 eröffnete Elefantenhaus des Münchner Architekten Emanuel von Seidl gilt als Wahrzeichen des Tierparks und wurde ab 2011 umfangreich saniert. Dabei erhielt das denkmalgeschützte Gebäude eine neue Kuppel als Stahlkonstruktion, die den Ausdünstungen der Tiere künftig besser Stand halten soll. Von einer Besucherplattform aus Bambus hat man einen guten Blick auf das Heim der vier asiatischen Elefantendamen und des Elefantenbullen. In der Außenanlage findet täglich um 14.15 Uhr die »Elefanten-Sprechstunde« statt.

Aquarium
| Tiergehege |
In sanftem blauen Licht zum Klang von Meeresrauschen können Besucher hier in die Unterwasserwelt eintauchen. Rund 5000 Fische aus rund 200 Arten bewohnen die Anlage, außerdem ist sie Heimat von Korallen und Quallen. Besondere Highlights sind das freischwebende Aquarium der Ohrenquallen und das 14 m lange Becken der beiden Schwarzspitzen-Riffhaie.

Großvoliere
| Tiergehege |
Ein 18 m hohes, dünnmaschiges Stahlnetz überspannt die Vogelvoliere seit 1980. Bei der Hellabrunner Vogelshow haben die Zuschauer von einer Tribüne aus Blick auf die imposanten Greifvögel und Tauben im Flug und auf die grüne Auen-Landschaft mit Gazellen und Kranichen. Greifvogel-Show: tgl. um 13 Uhr, Tauben-Show: tgl. um 15 Uhr.

 ## Cafés

Kiosk 1917 Nur wenige Meter vom Tierpark werden in einem alten Kiosk kleine Mittagsgerichte, belegte Brötchen und Kuchen serviert. ■ Tierparkstraße 2, Tel. 089/71 93 02 00, www.kiosk1917.de, tgl. 9–20 Uhr

Das im byzantinischen Stil erbaute Elefantenhaus im Tierpark Hellabrunn

23 Asam-Schlössl

Einstiges Domizil des Künstlers Asam, heute ein feines Restaurant

- Bus 135 Floßlände
- Maria-Einsiedel-Straße 45, www.asamschloessl.de

Mitte des 18. Jh. erwarb der kurfürstliche Hofmaler Cosmas Damian Asam das Schlösschen als Landsitz und Atelier. Damals gehörten dazu noch weitere Gebäude, u.a. eine kleine Kapelle. Seit 1838 wird es als Gaststätte genutzt. Asams Haus- und Fassadenmalereien stellte Denkmalschützer Erwin Schleich nach dem Zweiten Weltkrieg wieder her. Heute trifft man sich im Restaurant Asam-Schlössl in den »Tiroler Stuben« zum Businesslunch, Kaffeetrinken oder Abendessen. Weitere Räume, wie etwa ein barocker Festsaal, können für Veranstaltungen gemietet werden.

 Sehenswert

Floßlände

| Anlegestelle |
Früher Verkehrsmittel, jetzt Freizeitspaß: die Isarflöße, die von Wolfratshausen isarabwärts fahren. Ein feucht-fröhlicher Spaß, oft mit eigener Blaskapelle an Bord. Die letzte verbliebene der einst zahlreichen Anlegestellen für Flöße befindet sich in Thalkirchen, kurz vor dem Wehr, das den Wasserstand der Isar reguliert. Hier kann man gelegentlich auch Surfer beobachten, denn die Welle an der Floßlände ist ein gutes Trainingsterrain, ähnlich der Eisbachwelle (S. 81) am Englischen Garten.
- Zentralländstraße 35

 Biergärten

Gutshof Menterschwaige Restaurant in den alten Stallungen eines Gutshofes, auf dem schon König Ludwig I. und seine Geliebte Lola Montez ein- und ausgingen. Großer Biergarten unter alten Kastanien. Spielplatz und großes Piratenschiff. ■ Menterschwaigstraße 4, www.menterschwaige.de

 Entspannung

Hinterbrühler See Ein schöner Park lädt zum Spazieren ein, auf dem See kann man im Sommer Boot fahren, im Winter Eisstockschießen. Nicht weit entfernt ist eine Gaststätte zur Einkehr nach dem Spaziergang oder Tierparkbesuch. ■ Conwentzstraße 1
Naturbad Maria Einsiedel Ein 50-Meter-Becken für Schwimmer, ein Kinderplanschbecken mit angrenzendem Spielbereich – und auf fast 400 m fließt der Isarkanal durch das Bad. Das Wasser wird ohne Chlor und andere chemische Zusätze gereinigt, einzig mit Mikroorganismen. ■ Zentralländstraße 28, www.swm.de, Mai–Aug. Mo–Do 10–19/20, Fr–So 9–19/20, Sept. Mo–Do 10–19, Fr–So 9–19 Uhr, 4,30 €, erm. 3 €

24 Bavaria Filmstadt

Eines der größten Filmstudios Europas – ein bisschen Hollywood in Bayern

- Tram 25 Bavariafilmplatz
- Bavariafilmplatz 7, www.filmstadt.de, April–Nov. 9–18, Nov.–März 10–18 Uhr, Filmstadt-Führung 13 €, erm. 12 €

Großes Kino für Film- und Fernsehfans. Seit 1919 wird im Münchner Süden gedreht. Alfred Hitchcock, Billy Wilder und Rainer Werner Fassbinder arbeiteten schon hier. Auf der ca. 90-minütigen Führung durch das Produktionsgelände guckt man hinter die Kulissen deutscher Filme und Serien. So befinden sich hier z.B. seit Neuestem das Klassenzimmer aus »Fack ju Göhte« und Kulissen des neuen Kinderfilms »Jim Knopf & Lukas der Lokomotivführer«. Außerdem kann man auf dem Drachen Fuchur durch die »Unendliche Geschichte« reiten, durch das Wikinger-Dorf aus »Wickie und die starken Männer« oder die Kulissen von »Die Wilden Kerle« streifen oder eine Szene aus »Sturm der Liebe« nachdrehen. Im 4-D-Erlebniskino wackeln beim Film die Sitze, das »Bullyversum« ist Michael Bully Herbig gewidmet.

Restaurants

€€ | **Gasthof Rabenwirt** Fantastischer Ausblick über das Pullacher Isartal von der Terrasse, bayerische Küche in den gemütlichen Holzstuben. ■ Kirchplatz 1, Pullach im Isartal, Tel. 089/793 01 85, www.rabenwirt.de, tgl. ab 11 Uhr
€€ | **Grünwalder Einkehr** Hervorragender Schweinebraten. Die Kleinen vergnügen sich drinnen mit Spielen und Büchern oder auf dem Kinderspielplatz. ■ Nördliche Münchner Straße 2, Grünwald, Tel. 089/125 92 54 90, www.gruenwalder-einkehr.de, tgl. ab 11 Uhr

Biergärten

Waldwirtschaft Großhesselohe Ein Klassiker. Zur Radler-Maß gibt's hier einen Traumblick über die Isar dazu – und Jazz und Swing von der Biergarten-Kapelle. ■ Georg-Kalb-Straße 3, Tel. 089/74 99 40 30, www.waldwirtschaft.de, tgl. 10–22.30 Uhr

Im Blickpunkt

München in Film und Fernsehen

Wer sich mit dem Münchner Lebensgefühl vertraut machen will, kann sich mit zahlreichen Filmen und Serien darauf einstimmen. Von Helmut Dietls Kinofilm »Rossini« bis hin zu »Fuck Ju Göhte«, gedreht am Lise-Meitner-Gymnasium im Münchner Vorort Unterhaching, »Mein Blind Date mit dem Leben« im Bayerischen Hof bis hin zu Simon Verhoevens »Willkommen bei den Hartmanns« diente die bayerische Landeshauptstadt immer wieder als Inspiration und Kulisse. Helmut Dietls »Münchner Geschichten« setzten dem München der 1970er-Jahre ein Denkmal, sein »Kir Royal« über den Klatschreporter Baby Schimmerlos und die Serie »Monaco Franze«, in der Helmut Fischer den »ewigen Stenz« verkörperte, sind ebenfalls Kult. Die Kinderserie »Meister Eder und sein Pumuckl« zeigte von 1978 bis 1987 heile Münchner Welt mit Kobold. Nicht zu vergessen im Krimi-Genre: Die Polizeiserie »München 7« von Franz Xaver Bogner, die ZDF-Reihe »München Mord« und zahlreiche Folgen »Tatort« und »Polizeiruf«. Die humorvolle Polizeiserie »Hubert & Staller« spielt im (nicht ganz so) idyllischen Wolfratshausen und am Starnberger See vor den Toren Münchens, die Familienserie »Dahoam is Dahoam« des Bayerischen Rundfunks entsteht seit 2007 in Dachau.

Am Abend

Unweit der Isar ist am Abend einiges geboten. Etwa im Gärtnerplatz- und Glockenbachviertel mit zahlreichen Bars und Clubs in der Pestalozzi-, Müller- oder Baaderstraße. Oder am Beginn der Prinzregentenstraße mit dem weltberühmten Club P1 und der vielfach ausgezeichneten Goldenen Bar im Haus der Kunst. Im Sommer ist es v.a. die Isar selbst, die die Münchner abends magisch anzieht. Am Flaucher grillen, unter der Reichenbach- oder Wittelsbacherbrücke auf den Stufen am Wasser ein Augustiner Bier trinken oder mit einem Picknick den Sonnenuntergang genießen: Mei, ist des schee!

Bühne

Fraunhofer Hier sind v.a. Kabarett und Volksmusik zu sehen. Im angeschlossenen Wirtshaus gibt es deftige bayerische Küche von Leberkäs bis Schweinebraten für ein bunt gemischtes Publikum. ■ Fraunhoferstraße 9, U 1/2 Fraunhoferstraße, Tel. 089/26 64 50 (Theater) und 089/26 64 60 (Wirtshaus), www.fraunhofertheater.de

GOP Die Varieté-Bühne präsentiert alle zwei Monate ein neues Programm, Artistik kombiniert mit Comedy. Nebenbei kann man sich kulinarisch verwöhnen lassen. ■ Maximilianstraße 47, Tram 19 Maxmonument, Tel. 089/210 28 84 44, www.variete.de

Schlachthof Kabarett, Konzerte und Partys finden hier statt. Das Wirtshaus (mit großem Biergarten) serviert gute Hausmannskost. ■ Zenettistraße 9, U 3/6 Poccistraße, Tel. 089/72 01 82 64, www.im-schlachthof.de

Konzerte

Gasteig Das Veranstaltungszentrum mit vielen Konzertsälen beheimatet auch die Münchner Philharmoniker. Klassische Konzerte, Pop und Shows finden hier statt. ■ Rosenheimer Straße 5, S-Bahn Rosenheimer Platz, Tel. 089/48 09 80, www.gasteig.de

Jazzbar Vogler Bar für Livemusik von Jazz über Latin bis Soul in gemütlicher Wohnzimmer-Atmosphäre im Gärtnerplatzviertel. ■ Rumfordstraße 17, Tram 16/18 Reichenbachplatz, Tel. 089/29 46 62, www.jazzbar-vogler.com, Mo–Sa ab 19 Uhr

Jazzclub Unterfahrt Seit 1978 ein Mekka der Jazzszene. Internationale Musiker treten hier auf. ■ Einsteinstraße 42, U 4/5 Max-Weber-Platz, Tel. 089/448 27 94, www.unterfahrt.de, tgl. ab 19.30 Uhr

Kneipen, Bars und Clubs

Bergwolf Imbiss mit Fritten und Currywurst für hungrige Nachtschwärmer, am Wochenende bis 4 Uhr früh. ■ Fraunhoferstraße 17, U 1/2 Fraunhoferstraße, Tel. 089/23 25 98 58

Blitz In der ehemaligen Kongresshalle des Deutschen Museums wird freitags und samstags auf zwei Dancefloors getanzt, mexikanisch-zentralamerikanische Küche im vegetarischen Restaurant mit Isarterrasse. ■ Museumsinsel 1, S-Bahn Isartor, Tel. 089/380 12 65 61, www.blitz.club

Charlie Modernes vietnamesisches Restaurant, zu dem eine beliebte Szenebar im Keller gehört, die jeden Samstag geöffnet ist.■ Schyrenstraße 8, U 1/2/7 Kolumbusplatz, Bus 58 Claude-Lorrain-Straße, Tel. 089/48 05 82 44, www.charl.ie

Frau Bartels Entspannte Bar im Glockenbachviertel, beliebt bei studentischem und kreativem Publikum. ■ Klenzestraße 51, U 1/2, Tram 17 Fraunhoferstraße, Tel. 089/90 16 41 47, www.fraubartels.de, Mo–Do ab 18, Fr, Sa ab 19 Uhr

Goldene Bar Die vielleicht schönste Bar der Stadt, im Haus der Kunst. Von der Terrasse blickt man in den Englischen Garten. ■ Prinzregentenstraße 1, Bus 100 Königinstraße, Tram 18 Nationalmuseum/Haus der Kunst, Tel. 089/54 80 47 77, www.goldenebar.de, Mo–Sa 10–2, So 10–20 Uhr

Lola-Bar Hier duftet es aus der Popcornmaschine, im Schummerlicht trinkt man Cocktails in einem Dekor aus Plüschsofas und alten Stehlampen. Mit Türsteher. ■ Ickstattstraße 2a, Tram 16/17/18 Müllerstraße, U 1/2 Fraunhoferstraße, Mobil 0151/25 24 64 98, www.lola-bar.de, Di–Sa ab 20 Uhr

MS Utting Als Ausflugsdampfer tuckerte die MS Utting lange über den Ammersee, jetzt liegt sie auf einer alten Eisenbahnbrücke beim Großmarktgelände vor Anker. Speisesalons, Bars und eine Kleinkunstbühne gingen an Bord. ■ Brücke bei Lagerhausstraße, Bus 62/132 Lagerhausstraße, U 3/6 Implerstraße, www.wannda.de

Muffatwerk Partys und Konzerte in verschiedenen Locations, etwa dem Club Ampere und dem Café Muffathalle. Mit Biergarten.■ Zellstraße 4, Tram 16 Gasteig, Tel. 089/45 87 50 10, www.muffatwerk.de

P1 Münchens erster weltbekannter Club ist nach wie vor legendär. Im »Oanser« (Einser) trifft man immer wieder auch die FC-Bayern-Spieler. ■ Prinzregentenstraße 1, Bus 100 Königinstraße, Tram 18 Nationalmuseum/Haus der Kunst, Tel. 089/211 11 40, www.p1-club.de, Di–So ab 23 Uhr

Pimpernel Hier hat schon Freddie Mercury wilde Partys gefeiert. Bunt gemischtes Publikum. ■ Müllerstraße 56, U 1/2/3/6, Tram Sendlinger Tor, Tel. 089/23 23 71 56, www.pimpernel.de, tgl. ab 22 Uhr

The Drunken Dragon Bar Moderne, chinesisch inspirierte Küche und ausgefallene Drinks. ■ Müllerstraße 51, 089/24 21 61 15, www.thedrunkendragonbar.de, tgl. ab 18 Uhr

Zephyr Bar Barchef Lukas Motejzik wurde 2016 zum »Mixologen des Jahres« gekrönt, auf die Qualität seiner Cocktails ist also Verlass.■ Baaderstraße 68, U 1/2, Tram 17 Fraunhoferstraße, www.zephyr-bar.de, tgl. ab 20 Uhr

Zum Wolf Gemütliche Cocktail-Bar mit amerikanischem Flair und kleiner Bühne für Livemusik. Das Schwester-Restaurant Little Wolf ein paar Häuser weiter ist ein stilvoller Diner mit Essen aus dem Rauchofen.■ Pestalozzistraße 22, Bus 62 Stephansplatz, U 1/2/3/6, Tram Sendlinger Tor, www.zumwolf.com, tgl. ab 18 Uhr

Kinos

Museumlichtspiele Meist englische Originalfassungen in charmanten schuhkartongroßen Sälen. Kult: Seit Jahren jeden Freitag und Samstag um 23 Uhr »The Rocky Horror Picture Show«. ■ Lilienstraße 2, Tram 16 Deutsches Museum, Tel. 089/48 24 03, www.museum-lichtspiele.de

Übernachten

In Isarnähe gibt es zum Übernachten so ziemlich alles, was man sich vorstellen kann: von der schlichten, rustikalen Pension bis zum modernen Design- oder Businesshotel – in den unterschiedlichsten Preisklassen.

€

Bold Hotel Giesing Schlichte, moderne Zimmer, auf Wunsch auch Self-Catering Apartments. Fahrradverleih für kleine Touren, mit der U-Bahn ist man in zehn Minuten am Marienplatz. ■ Aschauer Straße 12, Tel. 089/2000 159 2244, www.bold-hotels.com

Hotel Herzog Zentral zwischen Oktoberfest-Gelände und Isar unweit der U-Bahn Goetheplatz gelegen. Schlichte, frisch renovierte Zimmer, italienisches Restaurant im Haus. ■ Häberlstraße 9, Tel. 089/5999 3901, www.hotel-herzog-muenchen.com

Mariahilf Kleines Familienhotel in der Au in einer ruhigen Seitenstraße unweit des Mariahilfplatzes. Hier sind auch Hunde willkommen. ■ Lilienstraße 38, Tel. 089/459 95 30, www.hotel-mariahilf.de

Motel One Deutsches Museum Designhotel zum kleinen Preis in Haidhausen. ■ Rablstraße 2, Tel. 089/4445 5580, www.motel-one.com

Pension Seibel Günstig schlafen in Zimmern im rustikalen Landhausstil. Zentral gelegen im Gärtnerplatzviertel. ■ Reichenbachstraße 8, Tel. 089/231 9180, www.seibel-hotels-munich.de

€€

Alter Wirt Grünwald Bio-Hotel mit baubiologisch renovierten Zimmern: Böden aus geölter Kastanie, Möbel aus heimischen Hölzern und metallfreie Betten sorgen für guten Schlaf. ■ Marktplatz 1, Grünwald, Tel. 089/641 9340, www.alterwirt.de

Derag Livinghotel Prinzessin Elisabeth Zimmer und Serviced Apartments mit Businesscharakter in einer ruhigen Seitenstraße in Isarnähe. Auch Maisonette-Apartments mit Isar-Panorama. ■ Geyerstraße 52, Tel. 089/72 01 70, www.deraghotels.de

Hilton Munich City Die Hilton-Kette ist in München mit zwei Hotels vertreten, dieses liegt zentral in Au-Haidhausen, nahe dem Gasteig, einem Veranstaltungszentrum. Mit hauseigenem Restaurant und Fitnesscenter. ■ Rosenheimer Straße 15, Tel. 089/480 40, www.hiltonhotels.de

Hotel Admiral Boutiquehotel mit 32 Zimmern unweit des Europäischen Patentamts und des Deutschen Museums. Üppiges Frühstücksbüfett. ■ Kohlstraße 9, Tel. 089/21 63 50, www.hotel-admiral.de

Hotel Isartor Familiengeführtes Hotel mitten im Gärtnerplatzviertel. Weniger Schick, dafür viel Charme. Frühstück mit bayerischen Schmankerln. ■ Baaderstraße 2–4, Tel. 089/216 33 40, www.hotel-isartor.de

H'Otello B01 Geschmackvolles Designhotel im Glockenbachviertel. Im Haus: Grey's Bar mit schlangenförmiger Couch durch den ganzen Raum. ■ Baaderstraße 1, Tel. 089/21 63 10, www.hotello.de/b01-muenchen

Hotel Preysing In ruhiger Lage an den Isarauen in Haidhausen, nahe dem Gasteig, gelegenes Hotel. Kürzlich renoviert, kostenloses WLAN. ◾ Preysingstraße 1, Tel. 089/45 84 50, www.hotel-preysing.de

Hotel Prinz Elegantes Vier-Sterne-Haus am Isarhochufer in Haidhausen nahe des Auer Mühlbachs, einem Seitenarm der Isar. Viele Zimmer mit Balkon. ◾ Hochstraße 45, Tel. 089/441 40 80, www.hotel-prinz.de

Hotel Stadt Rosenheim Im traditionsreichen Designhotel im Franzosenviertel ist jedes der 51 Zimmer ein Unikat. ◾ Orleansplatz 6a, Tel. 089/448 24 24, www.hotel-stadt-rosenheim.de

Holiday Inn Munich City Centre Perfekt für Geschäftsreisende, die direkt vom Flughafen kommen: Die S-Bahn-haltestelle Rosenheimer Platz führt direkt ins Gebäude. Gegenüber liegt das Veranstaltungszentrum Gasteig. High-Speed-Internet kostenfrei. ◾ Hochstraße 3, Tel. 089/480 30, www.munich-meeting-centre.de

Pension Gärtnerplatz Charmant altmodische Pension, über dem Bett blinzelt einem schon mal König Ludwig entgegen, im Bett mit Blattgold-Verzierung schläft es sich königlich. ◾ Klenzestraße 45, Tel. 089/202 51 70, www.pensiongaertnerplatz.de

Ritzi 25 originell und kosmopolitisch eingerichtete Zimmer mit modernem Komfort, dazu ein feines Restaurant mit italienisch-französischer Küche. Am Isar-Hochufer, Max-Weber-Platz und Friedensengel ganz in der Nähe. ◾ Maria-Theresia-Straße 2a, Tel. 089/41 42 08 90, www.hotel-ritzi.de

€€€

Hotel München Palace Fünf-Sterne-Boutiquehotel unweit des Friedensengels mit geräumigen Zimmern, Restaurant und Bar. ◾ Trogerstraße 21, Tel. 089/41 97 10, www.hotel-muenchen-palace.de

(16) **Hotel Olympic** Charmantes Hotel mitten im Glockenbach-viertel. Fast alle Zimmer gehen auf ruhige Innenhöfe und sind individuell gestaltet, von antik bis modern. ◾ Hans-Sachs-Straße 4, Tel. 089/23 18 90, www.hotel-olympic.de

ADAC *Das besondere Hotel*

Auf den oberen Etagen eines unscheinbaren Industriegebäudes im trendigen Glockenbachviertel verstecken sich 16 individuelle Loft- und Penthouse-Studios, in denen sich die Gäste wie zuhause fühlen können. Die Bar des **Flushing Meadows Hotels** mit ihrer großzügigen Dachterrasse ist auch für Nicht-Gäste zugänglich, im Erdgeschoss schenkt »Super Danke« Smoothies aus.
€€€ | Fraunhoferstraße 32, Tel. 089/55 27 91 70, www.flushingmeadowshotel.com

Maxvorstadt, Schwabing, Englischer Garten

Hier befinden sich Münchens wichtigste Universitäten, die größte Museumsdichte und die grüne Lunge der Stadt

Der erste bayerische König, Maximilian I. Joseph, gab dem Viertel Maxvorstadt seinen Namen. Es beherbergt zahlreiche Museen und viele Prachtbauten. Auch die Ludwig-Maximilians-Universität, die Technische Universität, die Hochschule für Musik und Theater und die Kunstakademie sind hier zu finden. Zahlreiche Studierende sorgen für eine quirlige, frische Atmosphäre und zahlreiche Kneipen und Cafés befinden sich hier. Apropos: Viele der ehemaligen Stammkneipen der »Schwabinger Bohème« um Ringelnatz, Wedekind und Co. lagen de facto nicht in Schwabing, sondern in der Maxvorstadt. So etwa der legendäre »Simpl« von Kathi Kobus in der Türkenstraße, wo man heute im »Alten Simpl« noch den vergangenen Zeiten nachspüren kann. Die Leopoldstraße, die Fortsetzung der Ludwigstraße hinter dem Siegestor, ist noch immer eine klassische Flaniermeile mit Ge-

schäften und Cafés und verbindet beide Stadtviertel. Auch wenn die Innenstadt Schwabing mittlerweile als Ausgehviertel den Rang abgelaufen hat, gibt es hier doch immer noch eine hohe Dichte an beliebten Bars und Kneipen. Im Englischen Garten, Münchens grüner Lunge, kann man relaxen, sporteln oder in Biergärten auf das Leben anstoßen.

In diesem Kapitel:

ADAC Top Tipps:

 6 **Pinakotheken**
| Museum |
Zahlreiche Häuser mit Kunst vom 14. Jh. bis in die Moderne befinden sich in fußläufiger Entfernung hier im »Kunstareal«. 71

7 **Englischer Garten**
| Park |
Die große Parkanlage teilt sich in einen populären Süd- und einen ruhigeren Nordteil. 80

ADAC Empfehlungen:

 NS-Dokumentationszentrum
| Museum |
Hier setzt sich München mit seiner
Vergangenheit auseinander. 70

 Café Vorhoelzer
| Café |
Studenten-Café mit tollem Ausblick
über die Stadt. 73

 Schellingstraße
| Stadtviertel |
Studentische Gegend mit vielen
Kneipen, gemütlichen Cafés und
kleinen Geschäften. 75

 Chinesischer Turm
| Biergarten |
Einer der schönsten Biergärten, mit
Blasmusik und Pagode. 81

Eisbachwelle
| Fluss |
Auf der stehenden Welle zeigen
Surfer, was sie können. 81

25 Königsplatz

Neoklassizistisches Pracht-Ensemble von Leo von Klenze

■ U2, U8 Königsplatz

Wer Münchens erster Prachtstraße, der Brienner Straße, folgt, landet schließlich auch am Königsplatz. Von König Ludwig I. im 19. Jh. in Auftrag gegeben, entwarf Architekt Leo von Klenze das klassizistische Ensemble im Stile eines antiken Forums. Der Platz ist ein weiteres Beispiel für Münchens Faszination mit der griechischen Antike, die der Stadt den Spitznamen »Isar-Athen« einbrachte. Die Propyläen an der Westseite des Platzes sind den Propyläen der Akropolis in Athen nachempfunden. Auch die Architektur der beiden großen Museen – der Glyptothek und der Staatlichen Antikensammlungen – zeigt klassizistische Züge. Weil der Platz bei den Nationalsozialisten so beliebt war, kümmerte man sich nach dem Krieg lange nicht um ihn. Erst seit den 1980er-Jahren ist er wieder begrünt und heute ein beliebter Ort, um auf den Stufen der Museen in der Sonne zu sitzen.

 Sehenswert

Staatliche Antikensammlungen
| Museum |
Zeitreise gefällig? Die griechische, römische und etruskische Kleinkunst, die in den Staatlichen Antikensammlungen präsentiert wird, stammt aus der Zeit zwischen dem 3. Jt. v. Chr. bis 400 n. Chr. Kostbare Vasen, Bronzefiguren oder Schmuck sind in dem Tempelbau in korinthischem Stil versammelt.

Das Vorbild für die Propyläen auf dem Königsplatz war die Akropolis in Athen

■ Königsplatz 3, www.antike-am-koenigsplatz.mwn.de, Di–So 10–17, Mi bis 20 Uhr, 6 €, erm. 4 €, unter 18 J. Eintritt frei, So 1 €

Glyptothek
| Museum |

Zwölf eindrucksvolle ionische Säulen schmücken den Eingang des ältesten Münchner Museums (eröffnet 1830), dessen Sammlung auf den antikenbegeisterten König Ludwig I. zurückgeht. Griechische und römische Skulpturen aus vier Epochen bevölkern den klassizistischen Bau, darunter weltberühmte Originale wie die »Medusa Rondanini«, »Der Barberinische Faun« und die »Trunkene Alte«. Wunderschön: das Café im Saal VIII und Innenhof der Glyptothek. Dort wird im Sommer Theater gespielt.

■ Königsplatz 3, www.antike-am-koenigsplatz.mwn.de, Di–So 10–17, Do bis 20 Uhr, 6 €, erm. 4 €, unter 18 J. Eintritt frei, So 1 €

Lenbachhaus
| Museum |

Maler Franz von Lenbach befand sich mit seiner zwischen 1887 und 1890 errichteten Villa in illustrer Gesellschaft: direkt vor dem symbolischen Stadttor der Propyläen am Königsplatz, und mit Nachbarn wie Graf von Schack und Richard Wagner. Die denkmalgeschützten Räumlichkeiten der ehemaligen Künstlervilla, zu denen ein Atelier, der Wohntrakt sowie ein an die italienische Renaissance angelehnter Garten gehören, wurden 2013 um einen mit Messing verkleideten Neubau erweitert und glänzen mit Kunst des 19. und frühen 20. Jh. sowie Kunst nach 1945. Bemerkenswert ist v.a. die weltgrößte Sammlung des »Blauen Reiter«.

Im Blickpunkt

»Hauptstadt der Bewegung«

Ein dunkles, aber wichtiges Kapitel: München während der NS-Zeit. In der von Hitler sogenannten »Hauptstadt der Bewegung« formierten sich die NSDAP, die SA und die SS. Hier stieg Hitler vom gescheiterten Putschisten zum Führer einer Massenpartei auf. Vieles davon spielte sich in der Maxvorstadt ab. Im ehemaligen »Führerbau« in der Arcisstraße 12 befindet sich heute die Hochschule für Musik, das ehemalige Gestapo-Hauptquartier in der Brienner Straße 20 ist heute die Zentrale der Bayerischen Landesbank. Das sogenannte »Braune Haus« in der Brienner Straße 34 war die Parteizentrale der NSDAP in München. Auf dem Grundstück steht heute das NS-Dokumentationszentrum (S. 70).

In einem Zwischenraum der U-Bahn-Station Königsplatz befindet sich der »Kunstbau der Städtischen Galerie im Lenbachhaus«, der für aktuelle Ausstellungen genutzt wird.

■ Luisenstraße 33, www.lenbachhaus.de, Di 10–20, Mi–So 10-18 Uhr, 10 €, erm. 5 €, unter 18 J. frei

Staatliches Museum Ägyptischer Kunst
| Museum |

Früher im Hofgartentrakt beheimatet, befinden sich die neuen Ausstellungsräume nun in der Maxvorstadt unter der Freifläche vor der Filmhochschule

Der Raum »Kunst und Zeit« im Staatlichen Museum Ägyptischer Kunst

komplett unterirdisch. Ein versenktes Atrium spendet Tageslicht für die kleine, aber anspruchsvolle Sammlung. Über 5000 Jahre Kunst und Kultur des alten Ägyptens, kompakt präsentiert.

■ Gabelsberger Straße 35, www.smaek.de, Di 10–20, Mi–So 10–18 Uhr, 7 €, erm. 5 €, So 1 €, unter 18 J. frei

Museum für Abgüsse Klassischer Bildwerke

| Museum |

Rund 1700 Gipskopien antiker Skulpturen sind hier versammelt, u.a. die berühmte Laokoon-Gruppe, deren Original aus der Zeit um Christi Geburt stammt. Ein weiteres Highlight ist eine Dauerleihgabe des New Yorker Metropolitan Museum of Art, ein farbiges Modell des Parthenons von Athen.

■ Katharina-von-Bora-Straße 10, www.abgussmuseum.de, Mo–Fr 10–18, Do bis 20 Uhr, feiertags geschl., Eintritt frei

NS-Dokumentationszentrum

| Museum |

 Lern- und Erinnerungsort in modernem Gebäude

Das NS-Dokumentationszentrum ist an historischer Stelle errichtet: am einstigen Standort des »Braunen Hauses«, der Parteizentrale der NSDAP. Auf 1300 m² bietet es eine lebendige Auseinandersetzung mit der Geschichte Münchens vor, während und nach dem Nationalsozialismus und will Ausgrenzung, Rassismus, Antisemitismus und Diskriminierung entgegenwirken.

■ Brienner Straße 34, www.ns-dokuzentrum-muenchen.de, Di–So 10–19 Uhr, 5 €, unter 18 J. frei

St. Bonifaz

| Kirche |

Ludwig I. gab diesen Kirchenbau 1835 in Auftrag – und in der Basilika befindet sich auch seine Grabstätte. Die

1850 eingeweihte Abteikirche nahe dem Königsplatz wurde nach ihrer Zerstörung im Zweiten Weltkrieg zum Teil wieder aufgebaut, wobei ihr einst neoromanisches Aussehen verändert wurde, v.a. im Innenraum.

■ Karlstraße 34, www.sankt-bonifaz.de

Karolinenplatz
| Platz |

Zwischen Königs- und Odeonsplatz lädt der Karolinenplatz zum Innehalten ein. Er war einst der Knotenpunkt des von Maximilian I. Joseph gegründeten (und nach ihm benannten) neuen Viertels Maxvorstadt. 1806 angelegt, trägt der Platz den Namen von Maximilians zweiter Frau, Karoline Wilhelmine Friederike. Den Obelisken stellte sein Sohn Ludwig I. 1833 auf. Er erinnert an die bayerischen Soldaten, die während Napoleons Russlandfeldzug 1812 gefallen waren. Um den Kreisel mit seinen Blumenrabatten fährt die Straßenbahn, wichtige Gebäude hier sind das Amerikahaus und die Börse München.

🍴 Restaurants

€€ | **Ella** Kreative italienische Küche, dazu gibt es den Blick auf die Propyläen am Königsplatz. Übrigens: Mit »Ella« ist nicht Fitzgerald gemeint, sondern Malerin Gabriele Münter, deren Geliebter Wassily Kandinsky ihr diesen Kosenamen gab. ■ Luisenstraße 33, Tel. 089/70 08 81 77, www.ella-lenbachhaus.com, Di–Sa 9–1, So 9–21 Uhr

€€ | **Löwenbräukeller** 1883 eröffnetes bayerisches Traditionslokal am Stiglmaierplatz. Mit Biergarten, der auch im Winter geöffnet hat. ■ Nymphenburger Straße 2, Tel. 089/52 60 21, www.loewenbraeukeller.com, tgl. 10–24 Uhr

26 Pinakotheken

 Kunstgeschichte vom 14. Jahrhundert bis in die Moderne

■ U-Bahn Königsplatz, Tram 27, 28 Pinakotheken, Bus 100, 150 Pinakotheken oder Maxvorstadt/Sammlung Brandhorst

Die Pinakotheken, d.h. die Alte und die Neue Pinakothek sowie die Pinakothek der Moderne, liegen alle nur einen Steinwurf voneinander entfernt.

ADAC *Spartipp*

Kinder und Jugendliche zahlen bei den meisten staatlichen und städtischen Museen keinen Eintritt. Aber auch Erwachsene können ein Schnäppchen machen: So kostet der Eintritt an Sonntagen in vielen Museen nur 1 €. Dazu zählen z. B. die Pinakotheken, das Museum Mensch und Natur, das Museum Fünf Kontinente oder die Glyptothek am Königsplatz. In der Villa Stuck ist jeden ersten Freitag im Monat beim »Friday late« der Eintritt von 18 bis 22 Uhr frei. Immer umsonst kommt man ins Museum für Abgüsse klassischer Bildwerke, das Paläontologische Museum oder das Feuerwehrmuseum nahe dem Sendlinger Tor. Wer vorhat, mehrere Pinakotheken an einem Tag zu besuchen, sollte das »Tagesticket« wählen: Für 12 € kommt man in die drei Pinakotheken, das Museum Brandhorst sowie die Sammlung Schack (keine Sonderausstellungen).
www.muenchen.de/sehenswuerdigkeiten/museen/museen-kostenlos.html

Diese Gemäldesammlungen gehören zu den renommiertesten weltweit. Sie präsentieren die ganze Bandbreite der Bildenden Kunst vom Mittelalter bis heute. Außerdem gehört das nordöstlich der Pinakothek der Moderne gelegene Museum Brandhorst zum sogenannten Kunstareal (S. 72).

 Sehenswert

Alte Pinakothek
| Museum |

In der Fassade des zu seiner Entstehung größten Museumsbaus der Welt sind die Wunden des Zweiten Weltkriegs noch zu erkennen. Vom Mittelalter bis zur Mitte des 18. Jh. reicht der Bogen, den die 1836 eröffnete Alte Pinakothek spannt. Sie punktet mit Meisterwerken altdeutscher und altniederländischer Malerei, von da Vinci und Dürer bis hin zu Rubens und Tiepolo. Peter Paul Rubens ist ein ganzer Saal gewidmet. Bis Ende 2018 wegen Sanierungsarbeiten Schließungen in Teilbereichen.

Im Blickpunkt

Kunstareal

18 Museen und Ausstellungshäuser, über 40 Galerien und zahlreiche Hochschulen prägen das »Kunstareal« in der Maxvorstadt, zwischen Königsplatz und Theresienstraße. Auf 500 × 500 m ballt sich ein Angebot, mit dem Kunstinteressierte locker eine ganze Urlaubswoche füllen könnten. Eine Übersicht über die zahlreichen Events, die im Viertel stattfinden, gibt es unter www.kunstareal.de.

◼ Barer Straße 37, www.pinakothek.de, Di 10–20, Mi–So 10-18 Uhr, 4 €, erm. 2 €, So 1 €, unter 18 J. frei

Neue Pinakothek
| Museum |

Nach schwerer Zerstörung im Zweiten Weltkrieg erhielt die Neue Pinakothek erst 1981 einen Neubau. Für Werke des 19. und beginnenden 20. Jh. steht dieses Haus. Der Rundgang in Form einer liegenden Acht führt chronologisch durch die Epochen. Spitzweg und Caspar David Friedrich gehören zu den ausgestellten Künstlern ebenso wie Monet, Renoir und van Gogh. Bereits seit 1912 sind die »Sonnenblumen« von Vincent van Gogh Teil der imposanten Sammlung.

◼ Barer Straße 29, www.pinakothek.de, Mi 10–20, Do–Mo 10–18 Uhr, 7 €, erm. 5 €, So 1 €, unter 18 J. frei

Pinakothek der Moderne
| Museum |

Unweit der Alten Pinakothek, bildet die Pinakothek der Moderne mit ihrem schlichten, luftigen Betonbau schon architektonisch einen spannenden Kontrast. Neben zeitgenössischer Kunst finden hier auch Architektur und Design ihren Platz. Unter einem Dach sind vier eigenständige Museen versammelt: Die Sammlung Moderne Kunst der Bayerischen Staatsgemäldesammlungen mit einem Who-is-Who der klassischen Moderne, die Staatliche Graphische Sammlung München, Die Neue Sammlung – The Design Museum sowie das Architekturmuseum der Technischen Universität München.

◼ Barer Straße 40, www.pinakothek.de, Di–So 10–18, Do bis 20 Uhr, 10 €, erm. 7 €, So 1 €, unter 18 J. frei

ADAC *Mittendrin*

Ludwig- und Leopoldstraße werden im Sommer und im Herbst für jeweils zwei Tage zur Feiermeile: Wenn das **Streetlife Festival** und der **Corso Leopold** auf dem Programm stehen, fahren zwischen Odeonsplatz und Münchner Freiheit keine Autos, stattdessen werden Bühnen, Spiellandschaften, Sportanlagen und Infostände für dieses »Festival des öffentlichen Raums« aufgebaut. Dazu Musik, Kabarett und Theater.
www.streetlife-festival.de und http://leo.corso-leopold.de

Museum Brandhorst
| Museum |
Schon die farbige Außenfassade ist ein abstraktes Kunstwerk: 36 000 Vierkantstäbe aus farbig glasierter Keramik changieren je nach Blickrichtung in unterschiedlichen Farben. Drinnen wartet moderne Kunst von Berühmtheiten wie Andy Warhol, Cy Twombly, Gerhard Richter, Georg Baselitz und Damien Hirst.
■ Theresienstraße 35a, www.museumbrandhorst.de, Di–So 10–18, Do bis 20 Uhr, 7 €, erm. 5 €, So 1 €, unter 18 J. frei

Türkentor
| Galerie |
Im nach Jahren des Verfalls renovierten Türkentor, dem einzigen verbliebenen Teil einer ehemaligen »Kaserne an der Türkenstraße«, wird seit 2010 eine Skulptur des amerikanischen Künstlers Walter De Maria ausgestellt, die Granitkugel »Large Red Sphere«.
■ Türkenstraße 17, www.kunstareal.de, April–Okt. Di–So 11–17, Nov.–März 12–15 Uhr, Eintritt frei

 Restaurants

€€ | **Die Waldmeister** Tagescafé im Shabby Chic. Rustikale Küche mit allerlei Pasta, ausgezeichnete Kuchen und Kaffee. ■ Barer Straße 74, Tel. 089/18 94 69 56, www.diewaldmeister.com, Mo–Fr 8–18, Sa, So 9–16 Uhr

 Cafés

Café Jasmin Frühstück, Kaffee, Kuchen oder Drinks auf plüschigen Sofas und Sesseln im 1950er-Jahre-Stil. ■ Steinheilstraße 20, Tel. 089/45 22 74 06, www.cafe-jasmin.com, tgl. 10–1 Uhr

(18) **Café Vorhoelzer Forum** Auf dem Dach der Fakultät für Architektur der TU versteckt sich dieser Geheimtipp. Ein helles, luftiges Café mit großer Dachterrasse. Einzige Herausforderung: den Aufzug nach oben finden. ■ Arcisstraße 21, www.vf.ar.tum.de, tgl. ab 9 Uhr

27 Ludwigstraße

Eine der städtebaulich bedeutenden Prachtstraßen Münchens

■ U 4/5, 3/6 Odeonsplatz, U 3/6 Universität

Auch als er noch nicht König Ludwig I. war, sondern Kronprinz, machte er das neue Viertel der Maxvorstadt mit ihren zahlreichen Kunst- und Kultureinrichtungen zu seinem Projekt. So auch die nach ihm benannte Prachtstraße. Sie führt von der Feldherrnhalle am Odeonsplatz bis zum Siegestor (danach wird sie von der Leopoldstraße fortgesetzt) und gilt als städtebauliches Gesamtkunstwerk. Gestaltet wurde sie zunächst von Leo von Klenze, ab

1827 von Friedrich von Gärtner. Heute findet hier alljährlich der Trachtenumzug am ersten Sonntag des Oktoberfestes statt. Die Ludwigstraße ist gesäumt von Staatsministerien und Gebäuden der Ludwig-Maximilians-Universität, die Schellingstraße zweigt von der Ludwigstraße ins Univiertel ab.

 Sehenswert

Palais Leuchtenberg
| Palais |

Der Nachbau eines im Krieg zerstörten größten Adelspalastes. Wo heute das Bayerische Finanzministerium seinen Sitz hat, lebte einst Eugène-Rose de Beauharnais, Schwager von König Ludwig I. und Stiefsohn Napoleons, mit seiner Frau Auguste von Leuchtenberg.

■ Odeonsplatz 4

Bazargebäude
| Architektur |

Der klassizistische Bau steht seit 1826 am westlichen Ende des Hofgartens. Sein Zweck – damals wie heute – ist geschäftlich. Exklusive Läden fand man hier bereits im 19. Jh., und auch jetzt findet man hier Edelboutiquen und Cafés.

■ Odeonsplatz 6–18

Bayerische Staatsbibliothek
| Bibliothek |

Die »Stabi«, unweit der Ludwig-Maximilians-Universität, ist die Heimat für mittlerweile über 10 Mio. Bücher – darunter so wertvolle Exemplare wie eine der rund 180 noch existierenden Gutenberg-Bibeln. Im ersten Stock finden regelmäßig Ausstellungen statt.

■ Ludwigstraße 16, www.bsb-muenchen.de, Info Mo–Fr 9–19 Uhr

Geschwister-Scholl-Platz mit Ludwigskirche und Ludwig-Maximilians-Universität

Ludwigskirche (St. Ludwig)

| Kirche |

Um das farbige, mosaikbedeckte Dach der Pfarr- und Universitätskirche in all ihrer Pracht wahrnehmen zu können, müsste man schon drüberfliegen. Von unten aber sind ihre hoch aufragenden Türme von Weitem sichtbar. Sie ist zur Schellingstraße hin ausgerichtet, die hier von der Ludwigstraße abzweigt, und nach König Ludwig I. benannt, der sie in Auftrag gab. Besonders sehenswert im Inneren ist das Altarfresko »Das Jüngste Gericht« von Peter von Cornelius, das zweitgrößte der Welt.

■ Ludwigstraße 20, www.st-ludwig-muenchen.de

Schellingstraße

| Flaniermeile |

 Mit 2 km die längste Straße in der Maxvorstadt

Hier reiht sich in Uni-Nähe ein Café ans andere, dazwischen Buch- und Secondhand-Läden und allerlei anderes, was zum Stöbern verführt. Im Dritten Reich war hier bis zu ihrem Umzug in die Brienner Straße u.a. die Parteizentrale der NSDAP (Schellingstraße 50), weshalb die Schellingstraße auch als »Einfallstor der NSDAP in die Maxvorstadt« galt. Widerstandskämpfer Georg Elser, der ein Attentat auf Hitler versuchte, lebte zur Untermiete in der Türkenstraße 94, Ecke Schellingstraße.

Ludwig-Maximilians-Universität

| Universität |

Fast 50 000 Studenten in 18 Fakultäten studieren an der Ludwig-Maximilians-Universität. Damit ist sie die zweitgrößte Deutschlands – und mit ihrem von Friedrich von Gärtner gestalteten Hauptgebäude in der Ludwigstraße

Im Blickpunkt

Mythos Schwabing

Früher ein kleines Dorf von Fischern und Milchbauern, wurde Schwabing erst 1890 nach München eingemeindet. Im Bauboom der Gründerzeit entstanden viele der heute so begehrten Altbauten und durch seine vielen Literaten und Künstler wurde der Stadtteil im späten 19. und frühen 20. Jh. als Künstlerviertel bekannt. Die Künstlergruppe »Der Blaue Reiter« um Wassily Kandinsky, Gabriele Münter und Franz Marc wurde hier gegründet, auch Paul Klee lebte hier. In den Künstlerkneipen verkehrten Literaten wie Thomas Mann, Frank Wedekind und Joachim Ringelnatz, und das Satireblatt »Simplicissimus« und die Kulturzeitschrift »Jugend«, die einer ganzen Stilrichtung den Namen gab, wurden in München veröffentlicht. Gefühlt gehört für viele auch das Univiertel zu Schwabing, es liegt jedoch in der Maxvorstadt.

sicherlich auch eine der schönsten. Im Jahre 1826 holte König Ludwig I. die Universität, die zunächst in Ingolstadt, später in Landshut beheimatet war, nach München.

■ Geschwister-Scholl-Platz 1 und Professor-Huber-Platz 2, www.uni-muenchen.de

DenkStätte Weiße Rose

| Gedenkstätte |

Im Lichthof der Universität, wo im Zweiten Weltkrieg die Mitglieder der Widerstandsgruppe »Weiße Rose« um

Im Blickpunkt

Kabarett in Schwabing

Das Kabarett hat in München schon lange eine Heimat, angefangen mit »Die Elf Scharfrichter«, dem ersten politischen Kabarett Deutschlands, das von 1901 bis 1904 im Rückgebäude der Gaststätte »Zum Goldenen Hirschen« seine Heimat hatte. Schwabing ist ein Ballungsort für Kleinkunstbühnen, etwa die 1956 gegründete Lach- und Schießgesellschaft, das Münchner Lustspielhaus und das Vereinsheim, ein kultiges Lokal mit 1950er-Jahre-Deko, in dem viele Veranstaltungen stattfinden, oder das »Heppel & Ettlich«, früher in der Kaiser- heute in der Feilitzschstraße.

Hans und Sophie Scholl ihre Flugblätter verteilten, befindet sich ein Erinnerungsort für die mutigen Studenten und den Universitätsprofessor Kurt Huber. Immer wieder finden Gedächtnisvorträge und Lesungen statt.

■ Geschwister-Scholl-Platz 1, www.weisse-rose-stiftung.de, Mo–Fr 10–17, Sa 11.30–16.30 Uhr, Eintritt frei

Siegestor

| Triumphbogen |

Der steinerne Triumphbogen mit der Quadriga markiert den Übergang von der Ludwig- zur Leopoldstraße. Außerdem gestaltete Architekt Friedrich von Gärtner damit den nördlichen Abschluss der Sichtachse, die mit der Feldherrnhalle am Odeonsplatz beginnt. Die Quadriga zeigt die bayerische Schutzpatronin Bavaria, umringt

von vier Löwen. Die Inschrift an der Nordseite, »Dem bayerischen Heere«, erinnert an das siegreiche Ende der Befreiungskriege von 1815. Erst nach dem Zweiten Weltkrieg kam die Widmung auf der Südseite hinzu: »Dem Sieg geweiht, im Krieg zerstört, zum Frieden mahnend.«

■ Leopoldstraße 1

Akademie der Bildenden Künste

| Architektur |

Die Kunstakademie in der Maxvorstadt besuchten schon Maler wie Otto Dix, Wassily Kandinsky und Franz Marc. Der klassizistische Bau wird seit 2005 durch einen modernen Glas-Stahl-Neubau ergänzt. Heute kann man hier u.a. Malerei, Bildhauerei, Innenarchitektur, Fotografie, Medienkunst oder Bühnenbild und -kostüm studieren. Immer im Juli kann man sich bei der Jahresausstellung ein Bild von den Arbeiten der Studenten machen.

■ Akademiestraße 2–4, www.adbk.de

 Restaurants

€€ | **Alter Simpl** Das rustikale Lokal, 1903 eröffnet, war einst Treffpunkt der Schwabinger Bohème. Alte Fotos und Simplicissimus-Ausgaben erinnern daran. ■ Türkenstraße 57, Tel. 089/272 30 83, www.eggerlokale.de, tgl. ab 11 Uhr

ADAC *Mobil*

Der Bus 100, die sog. »Museenlinie«, steuert 21 Münchner Museen an, etwa die Alte und Neue Pinakothek und das Haus der Kunst. Zusteigen kann man z. B. an den Haltestellen Odeonsplatz oder Von-der-Tann-Straße. *www.mvg.de*

28 Leopoldstraße

*Münchner Boulevard mitten durch
das Szeneviertel Schwabing*

■ U 3/6 Universität, Giselastraße,
Münchner Freiheit

Hinter dem Siegestor beginnt die Leopoldstraße, eine Flaniermeile mit zahlreichen Geschäften, Cafés, Restaurants und Bars. Sie ist das quirlige Herz des Szeneviertels Schwabing und führt hinter der Münchner Freiheit noch weit in den Norden Münchens. Altschwabing heißt das Viertel zwischen Münchner Freiheit und Englischem Garten, Schwabing und Schwabing West befinden sich auf der anderen Seite der Leopoldstraße. Zur Fußball-WM oder -EM ist hier Public Viewing angesagt.

 Sehenswert

Jugendstil-Wohnhaus

| Architektur |

Um 1900 war München ein Zentrum des europäischen Jugendstils. Eine besonders prächtige Erinnerung daran stellt das Jugendstil-Wohnhaus in der Ainmillerstraße mit seinen bunten Reliefs und figürlichen Dekorationen dar. Es wurde 1898 von Felix Schmidt nach einem Fassadenentwurf von Henry Helbig und Ernst Haiger geplant und gebaut. Zu dieser Zeit lebte in Schwabing die künstlerische und intellektuelle Bohème, z. B. 1918/1919 in der Ainmillerstraße 36 der Lyriker Rainer Maria Rilke, von 1908 bis 1914 Wassily Kandinsky und Gabriele Münter in wilder Ehe im – heute nicht mehr existierenden – Gartenhaus der Nr. 36.

■ Ainmillerstraße 22

Hohenzollernstraße

| Einkaufsmeile |

In der Hohenzollernstraße zwischen Leopoldstraße und Kurfürstenplatz sind zahlreiche kleine Boutiquen, Schuhläden en masse, Buchläden, Antiquitäten und Cafés angesiedelt.

■ U 1/2/8 Hohenzollernplatz, Tram 12, 27, 28 Kurfürstenplatz, Bus 54 Hohenzollernstraße

Markt am Elisabethplatz

| Architektur |

In kleinen festen Verkaufsständen bieten Händler hier wochentags frisches Obst und Gemüse, Fleisch und Feinkost an. Dazwischen kleine Imbisse und ein charmanter Biergarten. Das

*Fassade des Jugendstil-Wohnhauses
in der Ainmillerstraße 22*

Knotenpunkt des öffentlichen Nahverkehrs: der Bahnhof Münchner Freiheit

Ensemble soll ab 2019 abgerissen und neu gestaltet werden.

■ Tram 27/28 Elisabethplatz

Walking Man

| Skulptur |

Seit 1995 steht die 17 m hohe weiße Stahlrohrfigur von US-Künstler Jonathan Borofski vor der Munich Re Rückversicherungsgesellschaft. Der filigrane baumhohe 15-Tonnen-Koloss soll Fortschritt symbolisieren und scheint in die Zukunft zu eilen.

■ Leopoldstraße 36

Münchner Freiheit

| Platz |

Ihren Namen trägt die Münchner Freiheit im Gedenken an die Widerstandsgruppe »Freiheitsaktion Bayern«, die im April 1945 zur Kapitulation vor den amerikanischen Truppen und zum bewaffneten Aufstand gegen die verbliebenen NS-Einheiten aufrief. Später benannte sich sogar eine Band nach diesem Schwabinger Anlaufpunkt. Am Platz und in der U-Bahn-Passage gibt es zahlreiche Geschäfte und Cafés. Ein Hingucker ist v. a. das Dach des Tram- und Busbahnhofes, im Untergrund erstrahlt das Licht- und Farbdesign des Münchner Lampenkünstlers Ingo Maurer. Die Feilitzschstraße, die hier abzweigt, ist eine Feiermeile, unter der berühmten Kneipe »Schwabinger 7« lag jahrelang unentdeckt eine Fliegerbombe aus dem Zweiten Weltkrieg, die 2012 gesprengt wurde.

■ U 3/6 Münchner Freiheit

Statue Monaco Franze

| Denkmal |

Zwischen den Tischen beim Café Münchner Freiheit im Freien, sitzt ein ungewöhnlicher Gast: Helmut Fischer alias »Monaco Franze«, die Rolle, die er in Helmut Dietls beliebter gleichnamiger Serie verkörperte. Künstler Nikolai Tregor hat dem Schauspieler an einem seiner Lieblingsorte ein bronzenes Denkmal gesetzt.

■ U 3/6 Münchner Freiheit

Restaurants

€€ | **Occam Deli** Restaurant nach amerikanischem Vorbild mit wechselnder Karte, u. a. Highlights aus der jüdisch-koscheren Küche. ▪ Feilitzschstraße 15, Tel. 089/38 34 63 46, www.occamdeli.com, Mo–Fr ab 8, Sa, So ab 9 Uhr

€€ | **Öeins** Österreichische Köstlichkeiten wie Kaiserschmarrn und Wiener Schnitzel auf dem Tisch, an den Wänden österreichische Berühmtheiten. ▪ Herzogstraße 81, Tel. 089/30 00 59 56, www.oeeins.de, tgl. ab 17 Uhr

€€ | **Weinbauer** Uriges bayerisches Wirtshaus. Exzellente Schweinebraten und Schnitzel, Schnäpse werden stilecht auf einem Hirschgeweih-Träger serviert. ▪ Fendstraße 5, Tel. 089/38 88 71 02, www.weinbauer-muenchen.de, Mo–Fr 11.30–24, Sa 17–24 Uhr

€€€ | **Hutong Club** Asiatische Leckerbissen im schicken Chinatown-Ambiente. Auch hervorragende Cocktails.

Im Blickpunkt

Monaco Franze

Mit seiner Rolle als Kriminalkommissar Franz Münchinger alias »Monaco Franze – Der ewige Stenz« machte sich Schauspieler Helmut Fischer (1926–1997) in München unsterblich. Er gab einen Hallodri (Stenz = bayerisch für Schwerenöter, Frauenheld), dem sein »Spatzl«, seine leidgeprüfte Frau Annette (gespielt von Ruth-Maria Kubitschek), doch nichts übelnehmen kann. Sein Motto »ein bissl was geht immer« ist zur beliebten Münchner Redewendung geworden.

▪ Franz-Joseph-Straße 28, Tel. 089/38 38 03 43, www.thehutongclub.de, tgl. ab 18 Uhr

€€€ | **Tantris** Sterneküche von Chef Hans Haas im originalen orangefarbenen 1970er-Jahre-Ambiente. ▪ Johann-Fichte-Straße 7, Tel. 089/361 95 90, www.tantris.de, Di–Sa 12–15 und 18.30–1 Uhr

Cafés

Café Clara Kleines, feines Café mit hausgemachten Kuchen. ▪ Isabellastraße 8, Tel. 089/523 72 14, www.cafe-clara-muenchen.de, Di–So ab 10 Uhr

Eiscafé Venezia Bis spät abends bekommt man hier Eissorten wie Schoko-Orange sowie veganes Eis, oder sizilianische Cannoli. ▪ Kurfürstenplatz 8, Tel. 089/340 14 71

Einkaufen

Bussis Kiosk Bier, Wein, Kaffee und Co., aber auch kleine Snacks und »die beste selbstgemachte Pizza in ganz Schwabing« gibt es am kleinen Kiosk am Englischen Garten. ▪ Gunezrainerstraße 6 (Ende Feilitzschstraße), Tel. 089/24 21 44 44, www.bussis-kiosk.de

Kinder

Schauburg am Elisabethplatz Im Jahr 1953 gegründetes, für seine anspruchsvollen Inszenierungen bekanntes kommunales Kinder- und Jugendtheater. ▪ Franz-Joseph-Straße 47, Tel. 089/23 33 71 55, www.schauburg.net

Events

Streetlife Festival und Corso Leopold Straßenfest auf Ludwig- und Leopoldstraße (S. 130). Mai und September.

29 Englischer Garten
Spazieren, joggen, Rad fahren, Bier trinken und surfen

![Der 16 Meter hohe Rundtempel Monopteros im Südteil des Englischen Gartens]

Der 16 Meter hohe Rundtempel Monopteros im Südteil des Englischen Gartens

Information

■ Tram 18/Nationalmuseum/Haus der Kunst, Paradiesstraße, Tivolistraße, U 3/6 Universität, Giselastraße

Münchens grüne Lunge, eine der größten Parkanlagen der Welt

Das ganze Jahr über bietet der Englische Garten eine willkommene Naturauszeit in der Stadt mit zahlreichen Rad- und Wanderwegen und kleinen Bachläufen. Sogar Reiter auf ihren Pferden drehen in der 373 ha großen Anlage ihre Runden.

Beliebte Biergärten, Kioske und an sonnigen Tagen ein Eiswagen sorgen für kulinarische Abwechslung. Im Sommer sind die Wiesen voll mit Sonnenanbetern beim »Chillen«. Abkühlung finden sie im Schwabinger Bach oder im Eisbach.

Zu verdanken ist die schöne Anlage mit ihrem bekannten Süd- und dem wilderen Nordteil Kurfürst Carl Theodor, der Friedrich Ludwig von Sckell im 18. Jh. damit beauftragte.

Der einzige Makel der Parkanlage ist der Isarring, ein Teil des Mittleren Rings, der den Englischen Garten in einen Nord- und einen Südteil unterteilt. Täglich fahren über 100 000 Autos durch den Park. Die Hoffnung: ein Tunnel, der beide Teile vereinigen wird (geplanter Baubeginn: 2023).

Plan
S. 82

■ Englischer Garten 3, Tel. 089/383 87 30, www.chinaturm.de

ⓑ Monopteros
| Aussichtspunkt |

Den Rundtempel im griechischen Stil ließ sich König Ludwig I. von seinem Haus- und Hofbaumeister Leo von Klenze in der ersten Hälfte des 19. Jh. in den Englischen Garten setzen. Von dem kleinen Hügel aus hat man einen schönen Blick über den Südteil des Parks und auf die Münchner Skyline. Auf der Wiese unterhalb des Baus tummeln sich im Sommer die Sonnenanbeter, manche seit den 1960er-Jahren auch hüllenlos.

■ Englischer Garten 1

ⓒ Kleinhesseloher See
| See |

Wer nicht viel Zeit hat, bekommt bei einem Spaziergang um den Kleinhesseloher See das geballte Englischer-Garten-Feeling. Schwimmen ist in dem idyllischen, im 19. Jh. künstlich angelegten See nicht erlaubt (das dürfen nur die Enten und Gänse), aber wer mag, leiht sich ein Boot, um eine Runde zu drehen.

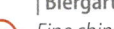

◉ Sehenswert

ⓐ Chinesischer Turm
| Biergarten |

20 *Eine chinesische Pagode mit Biergarten und Blasmusik*

Der hölzerne Turm brannte immer wieder ab, wurde jedoch stets neu aufgebaut, zuletzt 1952. Vorbild war eine Pagode aus dem königlichen Schlossgarten in London. Belebt wird die schmucke Pagode aber typisch bayerisch: mit einem großen Biergarten und zünftiger Blasmusik. Kinder können sich auf einem Karussell von 1913 vergnügen. Im Winter wird hier ein bilderbuchreifer Christkindlmarkt aufgebaut.

ⓓ Eisbachwelle
| Fluss |

21 *Nichts für Anfänger: Surfen nahe dem Haus der Kunst*

An der Eisbachbrücke an der Prinzregentenstraße tritt der unterirdisch verlaufende Eisbach an die Oberfläche und fließt dann gen Osten durch den Englischen Garten. Ein gewaltiges Schauspiel ist die stehende Welle, die

7 29 a – 29 d Englischer Garten

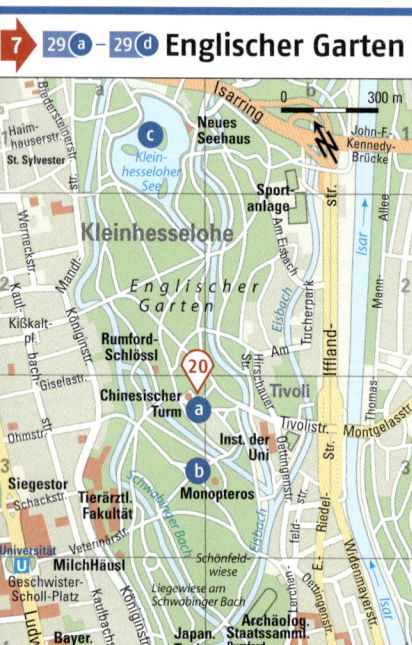

durch den Wasserreichtum und eine Steinstufe an dieser Stelle entsteht. Surfer nutzen sie für ihre Kunststücke. Nichts für Anfänger, denn das Wasser ist wirklich wild. Erst seit 2010 ist das Spektakel legal.

■ Eisbachbrücke, www.eisbachwelle.de

☕ Cafés

Fräulein Grüneis Unweit der Eisbachwelle kann man hier zum Mittagstisch oder für ein Stück Kuchen einkehren. ■ Lerchenfeldstraße 1a, Tel. 089/2303 2670, www.fraeulein-grueneis.de, Mo–Fr ab 8, Sa, So ab 10 Uhr

Milchhäusl Im Häusl aus dem Jahr 1896 gibt es bayerische Schmankerl mit Bio-Zutaten. Dazu einen Mini-Biergarten, im Winter macht man es sich

draußen in Seilbahngondeln gemütlich. ■ Königinstraße 6, Tel. 089/45 24 84 30, www.milchhaeusl.de

Biergärten

Aumeister Historisch befand sich hier, am Nordende des Englischen Gartens, der Dienstsitz des Aujägermeisters, bei dem sich Teilnehmer der Hofjagden erfrischten. ■ Sondermeierstraße 1, Tel. 089/1893 14 20, www.aumeister.de

Hirschau Steckerlfisch oder ein gegrilltes Hähnchen im ruhigen Nordteil des Englischen Gartens. ■ Gyßlingstraße 15, Tel. 089/36090490, www. hirschau-muenchen.de

Seehaus im Englischen Garten Szene-Biergarten direkt am Kleinhesseloher See. ■ Kleinhesselohe 3, Tel. 089/381 61 30, www.kuffler.de

Entspannung

Sonnendiebe An schönen Tagen kann man ab 11 Uhr auf den Wiesen zwischen Milchhäusl und Schwabinger Bach bequeme Liegestühle mieten. 1 € pro halbe Stunde. ■ www. sonnendiebe.de

ADAC *Mittendrin*

Einmal im Jahr wird der Chinesische Turm Schauplatz eines ganz besonderen Schauspiels: Ab 6 Uhr morgens tanzen beim **Kocherlball** Hunderte Menschen in Tracht Walzer und andere Volkstänze. Die Tradition geht zurück auf einen Brauch der Köche, Mägde und Diener, die im Sommer jeden Sonntag vor Beginn der Arbeit zum Tanz gingen.

Am Abend

Die Zeiten, in denen Schwabing, insbesondere die Leopoldstraße, die erste Anlaufstelle für Nachtschwärmer war, sind zwar vorbei, trotzdem kann man hier viele schöne Stunden verbringen. Gemütliche Lokale und Bars sowie renommierte Kleinkunstbühnen sind einen Besuch wert. Bei gutem Wetter trifft man sich draußen, am Odeonsplatz, Königsplatz oder Geschwister-Scholl-Platz.

 ## Bühne

Amphitheater Englischer Garten Romantik pur: Hier werden im Sommer Open-Air-Theaterstücke aufgeführt. Picknick und warme Decken mitbringen, zu später Stunde wird es frisch. ■ Nordteil des Englischen Gartens, U 6 Alte Heide, Bus 187 Rümelinstraße, www.mstheater.de

Lach- und Schießgesellschaft In dem legendären Kneipentheater wird nach wie vor anspruchsvolles, herrlich bissiges politisches Kabarett gemacht. ■ Ursulastraße 9, U 3/6, Busse, Tram 23 Münchner Freiheit, Tel. 089/39 19 97, www.lachundschiess.de

Münchner Lustspielhaus Comedy und Kabarett mit Stars wie Bruno Jonas, Alfred Dorfer oder Alfons. ■ Occamstraße 8, U 3/6, Busse, Tram 23 Münchner Freiheit, Tel. 089/34 49 74, www.lustspielhaus.de

Rationaltheater Eines der ältesten und schönsten Privattheater Münchens für kleine Theater- und Kabarettvorstellungen, Lesungen und Konzerte. ■ Hesseloherstraße 18, U 3/6, Busse, Tram 23 Münchner Freiheit, Tel. 089/33 50 03, www.rationaltheater.de

Vereinsheim Tür an Tür mit dem Lustspielhaus, bekommt man im Gasthaus mit 1950er-Jahre-Deko nicht nur kleine Speisen serviert, sondern auch Kleinkunst und Lesungen auf der Bühne des Hauses. ■ Occamstraße 8, U 3/6, Busse, Tram 23 Münchner Freiheit, Tel. 089/33 08 86 55, www.vereinsheim.net

Volkstheater Keine Mundartstücke, sondern modernes, junges Theater bringt Intendant Christian Stückl auf die Bühne, auch Lesungen und Konzerte im Foyer. 2020 Umzug in die Isarvorstadt. ■ Brienner Straße 50, U 1/2/7, Tram 20/21/22 Stiglmaierplatz, Tel. 089/523 46 55, www.muenchner-volkstheater.de

 ## Konzerte

Hochschule für Musik und Theater Bei Konzerten im eigenen Haus oder an anderen Veranstaltungsorten zeigen die Studenten, was sie können. Mittags und nachmittags gibt es oft kostenlose Vorführungen. ■ Arcisstraße 12, Tram 12 Karolinenplatz, www.musikhochschule-muenchen.de

 ## Kneipen, Bars und Clubs

55 Eleven Lässige Bar im Univiertel. Wer Glück hat, ergattert eines der braunen Ledersofas. ■ Amalienstraße 55, U 3/6 Universität, Tel. 089/20 07 68 34, www.55eleven.wtf

Alter Simpl In der Künstlerkneipe »Simplicissimus« von Kathi Kobus in der Maxvorstadt traf sich einst die Schwabinger Bohème. Im renovierten »Alten Simpl« kann man dem Geist von Ringelnatz, Wedekind und Co. noch heute nachspüren. ■ Türkenstraße 57, Bus 153/154 Türkenstraße, U 3/6 Universität, Tel. 089/272 30 83, www.eggerlokale.de

Bufet Simples, aber gut ausgeführtes Konzept: Ein Stehausschank mit Bier und Wurst, wie man ihn aus polnischen oder tschechischen Städten kennt. ■ Dachauer Straße 7a, U 1/2/7, S-Bahn Hauptbahnhof, Tram 16/17/20/21/22 Hauptbahnhof Nord, Tel. 089/55 27 59 65, www.bufet.de, Mo–Fr 11–24, Sa 17.30–1 Uhr

Café Kosmos Individuelle Szenebar. Der kleine Laden mit den günstigen Bieren platzt oft aus allen Nähten, Anzugträger stapeln sich neben Studenten. ■ Dachauer Str. 7, U 1/2/7, S-Bahn Hauptbahnhof, Tram 16/17/20/21/22 Hauptbahnhof Nord, Tel. 089/55 29 58 67, www.cafe-kosmos.de, Mo–Fr 12–1, Sa, So 14–3 Uhr

Salon Irkutsk Kleines »Abendbistro für franko-slawophiles Trinkvergnügen«. Zu Drinks, Borschtsch und Pelmeni gibt es Ausstellungen und Konzerte. ■ Isabellastraße 4, U 1/2/8 Josephsplatz, Mobil 0152/59 71 54 18, www.salon irkutsk.de, tgl. ab 17 Uhr

Schelling-Salon In der Traditionsgaststätte verkehrten schon die Schriftsteller Bertolt Brecht und Ödön von Horváth. Adolf Hitler bekam hier Hausverbot. Billardtische und Tischtennisplatten. ■ Schellingstraße 54, Bus 153/154, Tram 27/28 Schellingstraße, U 3/6 Universität, Tel. 089/272 07 88, www.schelling-salon.de, Di, Mi geschl.

Kinos

Monopol Programmkino für Arthouse- und Mainstream-Filme, ohne Werbung. Oft auch Festivals und Publikumsgespräche. ■ Schleißheimer Straße 127, Tram 27 Herzogstraße, Tram 12/27, Bus 53/59/154 Nordbad, Tel. 089/38 88 84 93, www.monopol-kino.de

In der Bar 55 Eleven werden hausgemachte Limonaden und leckere Cocktails serviert

Übernachten

Vom einfachen Familienhotel bis zum modernen Designhotel mit allen Extras findet sich hier alles, was das Herz begehrt. Die Maxvorstadt grenzt an die Altstadt und reicht im Osten bis zum Englischen Garten. Hier ist das Flair eher studentisch. Schwabing grenzt im Norden an. Hier finden sich schöne Altbauten ringsum und zahlreiche Cafés und Einkaufsmöglichkeiten. Besonders erholsam ist es, am Englischen Garten zu übernachten.

€

Arthotel Ana Diva Neues Haus mit stylischem Interieur, 79 Zimmern und eigener Tiefgarage. ■ Sandstraße 7, Tel. 089/44 45 56 50, www.ana-hotels.com/diva

Das Hotel in München Familiär geführtes Stadthotel mit altmodischer, aber charmanter Einrichtung. Mitten in der Maxvorstadt, unweit der Universität. Preiswerte Einzelzimmer. ■ Türkenstraße 35, Tel 089/288 14 00, www.das-hotel-in-muenchen.de

Gästehaus Englischer Garten Kleines, familiäres Gästehaus mitten im Grünen. Wer mag, kann auch Fahrräder für die Stadterkundung leihen. ■ Liebergesellstraße 8, Tel. 089/383 94 10, www.hotelenglischergarten.de

Hostel Haus International Familien und Gruppen finden in dem schlichten 630-Betten-Haus eine preiswerte Homebase für den Städtetrip. ■ Elisabethstraße 87, Tel. 089/12 00 60, www.haus-international.de

King's Hotel Center Smartes Hotel in Hauptbahnhof-Nähe mit eigener Garage (gegen Gebühr). Nostalgisch: die schweren Himmelbetten mit Holzbaldachin. ■ Marsstraße 15, Tel. 089/51 55 30, www.kingshotels.de

Leonardo Boutique Hotel Munich Moderne Zimmer, ein Mix aus Business- und Designhotel in bester Lage im Studentenviertel. Kostenloses WLAN. ■ Amalienstraße 25, Tel. 089/28 78 70, www.leonardo-hotels.de

Ruby Lilly Hotel & Bar Der leuchtende »Schickeria«-Schriftzug heißt einen am Eingang willkommen, an der Decke hängen Lampen in Champagnerflaschen-Optik. Mit »der Lilly« flirtete schon der Monaco Franze, das junge Designhotel erweist ihm damit die Ehre. ■ Dachauer Straße 37, Tel. 089/125 09 52 10, www.ruby-hotels.com

€€

Hilton Munich Park Zum Englischen Garten ist es nur ein Katzensprung. Fitnessbereich (beheizter Innenpool) und Spa, alle Zimmer haben einen Balkon. ■ Am Tucherpark 7, Tel. 089/384 50, www.hiltonhotels.de

H'Otello F22 Eines von drei H'Otellos in München. Schlichte Eleganz in West-Schwabing in einer ruhigen Seitenstraße. Zimmer in drei verschiedenen Größen. ■ Fallmerayerstraße 22, Tel. 089/45 83 12 00, www.hotello.de

Hotel La Maison Kleines Hotel in Altschwabing. Von hier aus ist man schnell auf der Leopoldstraße, aber auch im Englischen Garten. ■ Occamstraße 24, Tel. 089/33 03 55 50, www.hotel-la-maison.com

Der Münchner Westen

Auf den Spuren der Herzöge und Kurfürsten wandelt man in Schloss Nymphenburg und Schloss Blutenburg sowie auf der Theresienwiese

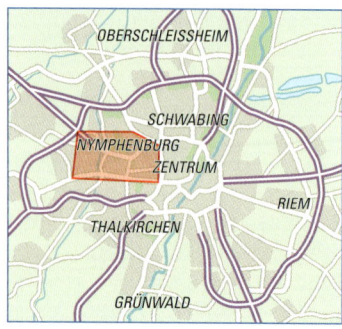

Was 1810 mit Feierlichkeiten anlässlich der Hochzeit von Kronprinz Ludwig und Prinzessin Therese begann, ist mittlerweile zum größten Volksfest der Welt angewachsen: das Oktoberfest. Anstich ist übrigens nicht im Oktober, sondern im September.

Das ganze Jahr über herrscht am Rotkreuzplatz im Viertel Neuhausen reges Treiben, daher wird er auch gelegentlich als »Stachus von Neuhausen« bezeichnet. Das Dorf Neuhausen lag zwischen München und Schloss Nymphenburg, bis es 1890 der Königlichen Haupt- und Residenzstadt eingegliedert wurde. 1899 folgten dann auch Nymphenburg und Gern.

Fährt (oder läuft) man von der Münchner Innenstadt stadtauswärts, zunächst auf der Brienner Straße, dann auf der Nymphenburger Straße, landet man am Rotkreuzplatz. Von hier aus ist es nicht mehr weit bis zur wichtigsten Sehenswürdigkeit in dieser Gegend, dem Nymphenburger Schloss. Die Nördliche und Südliche Auffahrtsallee führen entlang des Schlosskanals zur einstigen Sommerresidenz der Wittelsbacher. Neben der Besichtigung des Schlosses sollte man es auf keinen Fall versäumen, ein wenig im schönen Park zu lustwandeln.

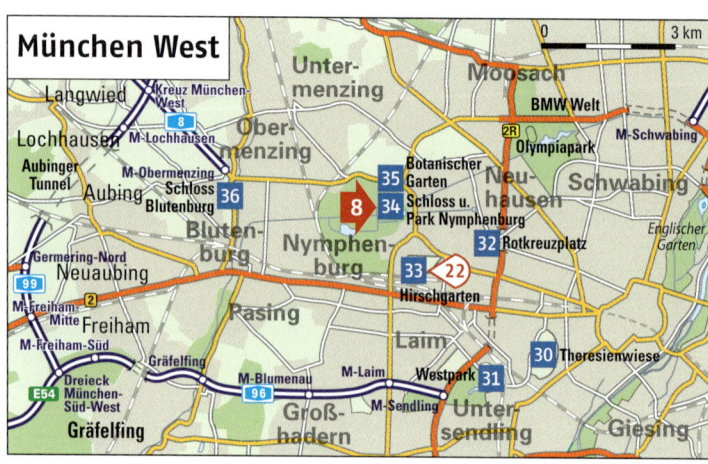

An den Nymphenburger Schlosspark grenzt der Hintereingang des Botanischen Gartens, mit rund 14 000 verschiedenen Pflanzenarten eine spannende florale Weltreise.

Viele weitere Spuren des Adels finden sich im Münchner Westen: Im Hirschgarten ging man einst zur Jagd, heute befindet sich hier einer der größten Biergärten der Welt. Schloss Blutenburg, eine von zwei mittelalterlichen Burganlagen im Münchner Raum, diente Herzog Albrecht III. und seinen Nachfahren als Jagdschloss.

In diesem Kapitel:

ADAC Top Tipp:

Schloss Nymphenburg
| Schloss |
Einstige Sommerresidenz der Wittelsbacher, mitten in einem traumhaften Park gelegen. 94

ADAC Empfehlung:

Hirschgarten
| Biergarten |
Wo einst der Adel jagte, kann man heute seinen Durst löschen. 93

30 Theresienwiese

O'zapft is! Jedes Jahr zum Oktoberfest weltweit im Mittelpunkt

■ U 4/5 Theresienwiese

Wenn hier einmal im Jahr das Oktoberfest tobt, steht München Kopf. Bierzelte, Buden, Fahrgeschäfte und Millionen von Menschen verteilen sich auf die Fläche unterhalb der Bavaria-Statue. Aber auch zu anderen Zeiten ist die Theresienwiese ein beliebter Anlaufpunkt: Etwa beim jährlichen Frühlingsfest im April, das u.a. mit Bayerns größtem Flohmarkt Besucher anlockt. Wenn gerade kein »Event« ansteht, joggen Fitnessfans auf den ebenen, asphaltierten Flächen oder drehen mit dem Rad oder auf Inline-Skates ein paar Runden.

Im Blickpunkt

Oktoberfest

Seinen Beginn nahm das »größte Volksfest der Welt« 1810 anlässlich der Hochzeit von Kronprinz Ludwig und Prinzessin Therese, zu der u.a. ein Pferderennen mit 40 000 Zuschauern veranstaltet wurde. Da Buden und Amüsements so gut ankamen, wurde das Fest von da an fast jedes Jahr wiederholt, seit 1819 unter der Leitung der Münchner Stadtväter. Es dauert in der Regel 16 Tage und endet am ersten Oktoberwochenende. Seit 2010 wird das Oktoberfest alle zwei Jahre um die »Oide Wiesn« erweitert. Für diesen abgegrenzten Bereich muss man Eintritt zahlen, kann dafür aber historische Buden und Fahrgeschäfte sehen und weniger beengt seine Maß trinken.

 Sehenswert

St. Paul
| Kirche |

Georg von Hauberrisser, der auch das Neue Rathaus am Marienplatz verantwortete, baute die Paulskirche zwischen 1892 und 1906. Noch heute ist die prunkvolle Kirche im neugotischen Stil ein Hingucker. Überraschend: der schlichte Innenraum. Tipp: Von der Aussichtsplattform auf dem 97 m hohen Hauptturm hat man einen tollen Blick, bei gutem Wetter sogar bis zu den Alpen. Zum Oktoberfest filmt von hier die »Wiesn-Webcam«.

■ Sankt-Pauls-Platz 11, www.pfarrverband-muenchen-westend.de

Bavaria
| Statue |

Bavaria ist die Schutzpatronin des Freistaats. Künstler Ludwig Schwanthaler und Erzgießer Ferdinand von Miller gestalteten diese größte Version von ihr für Ludwig I. Mehrere Jahre dauerten die Arbeiten an der 18 m hohen Bronzestatue, 1850 wurde sie aufgestellt. Wer mag, erklimmt ihren Kopf über eine schmale Wendeltreppe für einen guten Ausblick auf die Stadt.

■ Theresienhöhe 16, www.schloesser. bayern.de, April–Mitte Okt. 9–18, während des Oktoberfestes bis 20 Uhr, 3,50 €, erm. 2,50 €

Ruhmeshalle
| Architektur |

König Ludwig I. gab sie in Auftrag, die luftige Halle, in der an Bayerns Größen erinnert wird. Stararchitekt Leo von

Die Bavaria vor der Ruhmeshalle kann inwendig von Fuß bis Kopf erklettert werden

Klenze verwirklichte sie. Die dreiflügelige Säulenhalle zieren Büsten von bedeutenden Bayern wie Carl Orff, Ludwig Thoma und Albrecht Dürer.
■ Theresienhöhe 16, www.schloesser. bayern.de, Eintritt frei

Deutsches Museum Verkehrszentrum
| Museum |
Nicht nur Kinder haben an diesem Museum ihren Spaß: Auf 12 000 m² finden sich in drei historischen, denkmalgeschützten Messehallen Fahrzeuge aller Art – von Kutschen, Dampfloks bis zur neuesten Münchner U-Bahn. Highlights sind u. a. das erste Benz-Auto, der Messerschmitt Kabinenroller und das BMW-Motorrad, mit dem 1935 ein Geschwindigkeitsweltrekord geholt wurde.
■ Am Bavariapark 5, www.deutsches-museum.de, tgl. 9–17 Uhr, 6 €, erm. 3 €

Restaurants

€ | **Lindwurmstüberl** Die Grill-Hendl des schlichten Lokals unweit der Theresienwiese sind Kult. Von der Dachterrasse blickt man auf die quirlige Lindwurmstraße. ■ Lindwurmstraße 32, Tel. 089/53 88 65 31, www.lindwurmstueberl-muenchen.de, tgl. 10–24 Uhr
€€ | **Kiss** Ein Lokal von Szene-Gastronomin Sandra Forster, die auch das beliebte »Kismet« betreibt. Im coolen

Gefällt Ihnen das?

Die Beliebtheit des Oktoberfests ist ungebrochen. Sie wollen mehr über seine Geschichte wissen und mehr über die Tradition des Bierbrauens in München erfahren? Dann sind Sie im **Bier- und Oktoberfestmuseum** (S. 39) genau richtig.

Im Blickpunkt

»Klein-Istanbul« am Hauptbahnhof

Seit den 1960er- und 1970er-Jahren haben türkische Gastarbeiter die südlich des Hauptbahnhofes gelegene Ludwigvorstadt geprägt, und noch heute haben hier über 50 Prozent der Einwohner Migrationshintergrund. Etwa 40 kleine Moscheen gibt es in dem Multikulti-Viertel rund um die Paulskirche, dazu jede Menge Schischa-Bars, Döner-Imbisse, türkische Gemüseläden und Supermärkte wie »Verdi« in der Landwehrstraße, wo es den vielleicht besten Döner der Stadt gibt. Doch der Stadtteil ist in Bewegung, auch immer mehr Grafiker, Architekten und Künstler zieht es in die Ecke.

Bar-Restaurant mit türkisen Wänden serviert ihr Team orientalische Küche, rein vegetarisch. ■ Landwehrstraße 44, Tel. 089/59 98 97 95, www.kismet.cc/kiss, Di–Sa ab 18 Uhr

 Cafés

Marais Im 1920er-Jahre-Kurzwarenladen-Interieur gibt es Tarte Tatin oder Gâteau au Chocolat. ■ Parkstraße 2, 089/50 09 45 52, www.cafe-marais.de, Di–Sa 8–20, So 10–18 Uhr

Lohner und Grobitsch Einst als Lebensmittelladen beliebte Anlaufstelle im Westend, jetzt zauberhaftes Café. Ausgezeichnetes Frühstück, leckere Kuchen. ■ Sandtnerstraße 5, Tel. 089/69 30 92 50, www.lohnerundgrobitsch.de, Mo–Fr 9–18, Sa, So 10–18 Uhr

 Biergärten

Augustiner Keller Unweit des Hauptbahnhofes gelegen, gibt es hier sehr viel mehr als nur einen »Keller«: einen weitläufigen, beliebten Biergarten unter alten Kastanien sowie mehrere Gaststuben im historischen Gebäude. ■ Arnulfstraße 52, Tel. 089/59 43 93, www.augustinerkeller.de

Wirtshaus am Bavaria-Park Gutbürgerliche Küche und ein in der Nachbarschaft beliebter, bei Touristen aber kaum bekannter Biergarten. ■ Theresienhöhe 15, www.wirtshaus-am-bavaria park.com

31 Westpark

Wunderschöner Park, inspiriert von bayerischen Landschaften

■ Tram 18 Stegener Weg, U 6 Westpark

Angelegt für die Internationale Gartenausstellung im Jahr 1983, spielt die 60 ha große Anlage mit ihren Hügel- und Tallandschaften sowie zwei Seen auf die Landschaft des Voralpenlandes an. Teile der Anlage sind im asiatischen Stil gehalten, mit einem China- und Japangarten sowie einer Nepalesischen Pagode.

 Restaurants

€€ | **La Kaz** Nettes Lokal im Westend mit Wohnzimmeratmosphäre und guter Küche. ■ Kazmairstraße 38, Tel. 089/76 99 07 10, www.lakaz.de, Mo–Fr 12–14.30 und 17.30–24, Sa 17.30–1, So 16.30–23 Uhr

€€ | **The Caribbean Embassy** Stylisches Loft-Restaurant mit exzellenter karibischer Küche. Zahlreiche Rum-Sorten, große Sommerterrasse. ■ Ganghofer Straße 68, Tel. 089/54 03 06 15, www.caribbean-embassy.de, Mo–Fr ab 17, Sa ab 18 Uhr

Biergärten

Hopfengarten Bei schönem Wetter gibt es hier Schmankerln wie Steckerlfisch oder Spareribs zum Bier unter Bäumen. Sonntags und donnerstags sogar mit Livemusik. ■ Siegenburger Straße 43, Tel. 089/76 08 84 46, www.hopfen-garten.de

Wirtshaus am Rosengarten Im Westteil des Westparks gelegen bietet die große, rustikale Gaststätte gutbürgerliche bayerische Küche. Regelmäßig gibt es Livemusik im Biergarten zu hören. ■ Westendstraße 305, Tel. 089/57 86 93 00, www.wirtshausamrosengarten.de

Kinder

Spielaktionen im Park Jeden Sonntag werden bei schönem Wetter im Westpark und in anderen Münchner Parks am Nachmittag die Spielgeräte ausgepackt. Fachkundige Spielleiterinnen und Spielleiter laden zum Mitmachen und Mitspielen ein – und das sogar kostenlos. ■ www.muenchen.de/freizeit/spielen.html, Mai–Okt. 14.30–18, Nov.–April 13.30–16.30 Uhr

✹ Erlebnisse

Kino, Mond & Sterne Open-Air-Kino auf der Seebühne im Westpark. Das Programm startet erst mit Einbruch der Dunkelheit. Tipp: Früher kommen und Picknick mitbringen (oder vor Ort kaufen). Von Juni bis September. ■ www.kino-mond-sterne.de

32 Rotkreuzplatz

Das Zentrum des einstigen Dorfes Neuhausen

■ U 1/7 Rotkreuzplatz

Das Zentrum des einstigen Dorfes Neuhausen erhielt seinen Namen vom nahegelegenen Rotkreuzkrankenhaus. In der Mitte des verkehrsberuhigten Platzes spielen Kinder um den Brunnen und eine steinerne Skulptur, Obststände bieten ihre Waren feil (donnerstags kommen am Markttag noch weitere Stände dazu), und man sitzt in den umliegenden Cafés. In der Donnersberger Straße, die hier ihren Anfang nimmt, wuchs Schauspieler Helmut Fischer auf, bekannt und verehrt für seine Rolle als »Monaco Franze«.

Sehenswert

Herz-Jesu-Kirche
| Kirche |
Der 16 m hohe Quader aus blauem Glas ist ein einzigartiger Kirchenbau. Architektur-Fans haben ihre Freude an

ADAC *Mittendrin*

Ein Weihnachtsmarkt der besonderen Art findet jedes Jahr auf der Theresienwiese statt: Das »Tollwood« versteht sich als »Kultur- und Umweltfestival«. So gibt es nicht nur viele Buden mit Kunsthandwerk und Gastronomie, sondern auch Veranstaltungen und Installationen zu aktuellen gesellschaftlichen und ökologischen Themen. Im Sommer findet das Tollwood im Olympiapark statt. *www.tollwood.de*

dem im Jahr 2000 eröffneten Gebäude mit seinen bemerkenswerten Details. So schuf Glaskünstler Alexander Beleschenko auf der Eingangsseite eine Art »Text« aus Nägeln, der Passagen aus der Johannispassion ergibt. Die Eingangsseite lässt sich wie ein riesiges Portal komplett öffnen.
■ Lachnerstraße 8, www.herzjesumuenchen.de

Restaurants

€ | Piacere Nuovo Beliebte Trattoria mit Mittagstisch und Abendkarte. An sonnigen Tagen sind die Tische auf dem Bürgersteig heiß begehrt. ■ Donnersbergerstraße 54, Tel. 089/44 23 87 26, www.piacere-nuovo.de, So geschl.

€€ | Taverna Kyklos Die »älteste griechische Taverne Münchens«. Wirt Vassilis und sein Team bewirten mit Charme, im Sommer im Garten mit Kinderspielplatz-Anschluss. ■ Wilderich-Lang-Straße 10, Tel. 089/16 26 33, www.taverne-kyklos.de, Mo–Sa 16–24, So 11.30–24 Uhr

€€€ | Broeding Im kleinen Gourmetrestaurant gibt es nur jeweils ein Menü am Abend – aber das vom Feinsten, frisch und originell. Dazu famose Weine aus Österreich. Unbedingt reservieren! ■ Schulstraße 9, Tel. 089/16 42 38, www.broeding.de, Mo–Sa 18–24 Uhr

Cafés

Ruffini Das Café mit Dachterrasse ist eine Institution im Viertel. Aus der eigenen Bäckerei-Konditorei kommen hausgemachte Kuchen, ein Feinkost-Laden ist ebenfalls angeschlossen. ■ Orffstraße 22–24, Tel. 089/16 11 60, www.ruffini.de, Di–So 10–24 Uhr

Sarcletti Zur Saison können Eishungrige hier bis 22 Uhr abends ihrer Leidenschaft frönen, mit Sorten wie Pitahaya-Granatapfel oder Aperol-Sprizz. ■ Nymphenburger Straße 155, Tel. 089/ 15 53 14, www.sarcletti.de , tgl. ab 9 Uhr

Die moderne Herz-Jesu-Kirche ersetzt ihren 1994 abgebrannten Vorgängerbau

The Victorian House Anlaufstelle für Fans der feinen englischen Art, egal ob zum Frühstück oder zum Afternoon Tea. Mehrere Dependancen in München. ◼ Ysenburgstraße 13, Tel. 089/18 97 55 20, www.victorianhouse.de, Mo–Sa 9.30–1, So 9.30–19 Uhr

 Biergärten

Taxisgarten Etwas ab von den normalen Touristenrouten, dafür umso schöner. Kleiner, grüner Biergarten mit guter Küche im beschaulichen Neuhausen-Nymphenburg. ◼ Taxisstraße 12, Tel. 089/15 68 27, www.taxisgarten.de

33 Hirschgarten

22 *Der vielleicht münchnerischste Park Münchens*

◼ S-Bahn Hirschgarten, Tram 16/17 Steubenplatz

Wo früher der Adel der Jagd frönte, entspannen heute die Anwohner im »vielleicht münchnerischsten Park Münchens«, wie ein Journalist es einmal ausdrückte. Der 40 ha große Park wird gern zum Sporteln, Grillen, Spielen oder Flanieren genutzt. Im Winter sind die Hügel beliebte Rodelzonen. Ein 2 ha großes Gehege beheimatet Dam- und Muffelwild. Diesen »Tiergarten« ließ Kurfürst Carl Theodor 1780 ursprünglich für die Jagd anlegen, ein umzäuntes Gebiet in dem Wald, der damals hier stand.

 Restaurants

€€ | Grill und Grace Die Burger kommen aus der Küche, die Steaks darf

Im Blickpunkt

Bierstadt München

Die älteste Brauerei der Welt steht zwar in Freising, aber wohl »in keiner anderen Großstadt scheint die Stadtgeschichte so eng mit der Bierkultur verwoben wie in München«, wie eine Ausstellung im Stadtmuseum kommentierte. Mit der Industrialisierung entwickelte sich München ab 1870 zur globalen Biermacht. Die größten Brauereien, die auf dem Oktoberfest ausschenken dürfen, sind diese sechs: Augustiner (1328 gegründet, gilt als älteste Brauerei Münchens), Hacker Pschorr, Hofbräu, Löwenbräu, Paulaner und Spaten. Aber die Münchner Bierszene ist lebendig, immer mehr kleinere Brauereien verschreiben sich dem »Craft Beer«.

(oder muss?) man selbst grillen: auf dem großen Lavastein-Grill im Gastraum. ◼ Guldeinstraße 50, Tel. 089/14 34 89 40, www.grillandgrace.com, Mo–Fr 11.30–14.30, Di–Sa 17.30–23 Uhr

 Biergärten

Biergarten im Königlichen Hirschgarten 1791 als Jagdhaus angelegt, wuchs das Restaurant mit großem Biergarten immer mehr. Familien freuen sich über das angrenzende Wildgehege und den Spielplatz. Der einzige Biergarten Münchens, in dem man das Bier noch aus dem 200-Liter-Faß ausschenkt, dem sog. »Hirschen«. ◼ Hirschgarten 1, Tel. 089/17 99 91 19, www.hirschgarten.de

34 Schloss und Park Nymphenburg

Barockschloss und vier Palais in einem weitläufigen Park

Schloss Nymphenburg ist von einer traumhaften Gartenanlage umgeben

Information

■ Tram 17 Schloss Nymphenburg
■ Schloss Nymphenburg 1, www.
schloss-nymphenburg.de, Haupttor:
Jan.–März, Nov., Dez. 6–18, April, Okt.
6–20, Mai–Sept. 6–21.30 Uhr, die übrigen
Parktore jew. 30 Min. früher

Die Geburt von Thronfolger Max Emanuel gab, wie bei der Theatinerkirche, den Ausschlag, diese Sommerresidenz ab 1664 zu errichten. Damals befand sie sich noch vor den Toren der Stadt, in der Hofmark Kemnaten. Zunächst nach italienischen Vorbildern gestaltet, erhielt das Schloss seine heutigen Dimensionen während der Regierungszeit von Max Emanuel, der auch den Garten in barocker Form neu gestalten und erweitern ließ. Spätere Regenten hinterließen ebenfalls ihre Spuren, wie etwa die prunkvollen Parkburgen. Im wunderschönen Landschaftspark, der wilde genauso wie manikürte Ecken hat, kann man noch heute lustwandeln wie ein Adliger.

Sehenswert

 Schloss Nymphenburg
| Schloss |

 Wo Ludwig II. geboren wurde und der Adel lustwandelte

Bei einem Rundgang begegnen einem hier die Wittelsbacher und ihre

Plan
S. 97

b **Marstallmuseum und Museum Nymphenburger Porzellan**
| Museum |

Im Sommer standen hier einst die edlen Pferde, heute beherbergt der ehemalige Stall über 40 Kutschen, Schlitten und Reitzubehör aus Wittelsbacher Besitz. Besonderer Hingucker: der Krönungswagen Kaiser Karls VII., ein Rokoko-Prunkstück. Im oberen Stock befindet sich das Museum Nymphenburger Porzellan.

■ Schloss Nymphenburg 208, www.schloss-nymphenburg.de, April–Mitte Okt. tgl. 9–18, Mitte Okt.–März 10–16 Uhr, 3,50–4,50 €, unter 18 J. Eintritt frei

c **Amalienburg**
| Schloss |

Kurfürst Karl Albrecht widmete seiner Frau Maria Amalia dieses kleine rosa Rokoko-Schlösschen, die prunkvollste der Badenburgen im Schlosspark. Die Entwürfe für Architektur und Dekoration stammen von François Cuvilliés dem Älteren. Nach Regeln der französischen Hofkunst ist jeder der erlesenen Räume unterschiedlich gestaltet, vom opulenten Spiegelsaal in Silber, Weiß und Blau über das gelbe Ruhezimmer bis hin zum exotischen Fasanenzimmer mit nach chinesischer Art bemalten Stofftapeten.

■ April–Mitte Okt. tgl. 9–18 Uhr, Parkburgen: 3,50–4,50 €, unter 18 J. Eintritt frei

d **Badenburg**
| Schloss |

Holländische Fliesen, Stuckmarmor und ein edles Deckenbild schmücken die Badenburg. Der Badesaal hat sogar

Zeitgenossen auf Schritt und Tritt: auf zahlreichen Porträts, mit Original-Mobiliar und mehr. Original erhalten ist z.B. das Schlafzimmer von Königin Caroline, die hier 1845 König Ludwig II. zur Welt brachte. Auch der große Festsaal mit seinem Olympischen Götterhimmel ist authentisch erhalten. Ein weiteres Highlight: die Schönheitengalerie König Ludwigs I., die auch schöne Münchnerinnen aus dem Volk zeigt wie Helene Sedlmayr, Tochter eines Schuhmachers, und Tänzerin Lola Montez, die Geliebte Ludwigs I.

■ Schloss Nymphenburg 1, www.schloss-nymphenburg.de, April–Mitte Okt. tgl. 9–18, Mitte Okt.–März 10–16 Uhr, 5–6 €, unter 18 J. Eintritt frei

eine Galerie für Gäste. Hier schuf Architekt Joseph Effner bis 1722 das vermutlich erste beheizbare Hallenbad der Neuzeit. Die »Badewanne« von Kurfürst Max Emanuel würde heute in eine Zweizimmerwohnung passen – und ist um einiges prunkvoller.

■ April–Mitte Okt. tgl. 9–18 Uhr, Parkburgen: 3,50–4,50 €, unter 18 J. Eintritt frei

e Pagodenburg
| Schloss |

Nördlich des Hauptkanals befindet sich die kleine weiße Pagodenburg, ebenfalls von Architekt Joseph Effner für Kurfürst Max Emanuel geschaffen. Ein exzellentes Beispiel für die »Chinamode« des 18. Jh. mit Lackmalerei, chinesischen Tapeten und exotischen Möbelstücken. Hier ruhten sich die hohen Herrschaften von ihren Spaziergängen aus.

■ April–Mitte Okt. tgl. 9–18 Uhr, Parkburgen: 3,50–4,50 €, unter 18 J. Eintritt frei

ADAC *Spartipp*

Die **City Tour Card München** ist eine Kombination aus Fahrkarte und Rabatten. Ermäßigungen gibt es damit u. a. bei Schloss Nymphenburg, dem Marstallmuseum, der Residenz oder dem Botanischen Garten. Erhältlich an Fahrscheinautomaten der MVG und der DB (Taste »Kombitickets«) und in einigen Reisezentren der Deutschen Bahn sowie übers Internet. Wichtig: Für einige der ca. 70 Attraktionen benötigt man ausgedruckte Coupons. Als Ein-Tages- (ab 11,90 €), Drei-Tages- (ab 21,90 €) oder Vier-Tages-Ticket (ab 27,90 €) erhältlich.
www.citytourcard-muenchen.com

Gefällt Ihnen das?

Sie interessieren sich für die Schlösser der bayerischen Kurfürsten und Herzöge? Dann sollten Sie auch der **Schlossanlage Schleißheim** (S. 110) im Norden Münchens einen Besuch abstatten.

f Magdalenenklause
| Architektur |

Hier ersehnte sich Kurfürst Max Emanuel einen Rückzugsort vom höflichen Trubel. Die Vollendung der kleinsten der vier Parkburgen erlebte jedoch erst sein Sohn, Kurfürst Karl Albrecht. Das unfertige, rissige und unverputzte Aussehen ist gewollt – es entspricht dem »Memento mori«-Gedanken des Barocks, der die Vergänglichkeit allen Irdischens betont. Am 22. Juli, dem Magdalenentag, pilgern noch heute Christen hierher.

■ April–Mitte Okt. tgl. 9–18 Uhr, Parkburgen: 3,50–4,50 €, unter 18 J. Eintritt frei

g Museum Mensch und Natur
| Museum |

Das interaktive Naturkundemuseum im nördlichen Flügel von Schloss Nymphenburg macht Forschern Spaß. Untergliedert in mehrere Themenbereiche, erklärt es etwa die Entstehung des Sonnensystems, aber auch die Anatomie und Biologie des Menschen. Teil der Sammlung: ein seltenes Präparat des ausgestorbenen Quaggas, einer Unterart des Steppenzebras. Zahlreiche Mitmach-Exponate laden zum Ausprobieren ein.

■ Schloss Nymphenburg, www.mmn-muenchen.de, Di–Fr 9–17, Do bis 20, Sa, So 10–18 Uhr, 2,50–3,50 €, unter 18 J. Eintritt frei

Restaurants

€€ | Schlosswirtschaft Schwaige In einem im 18. Jh. entstandenen Seitenbau des Schlosses, lässt es sich fein speisen. Bayerische Gemütlichkeit in gehobenem Ambiente. Hübscher Innenhof. ■ Schloss Nymphenburg 30, Tel. 089/12 02 08 90, www.schlosswirtschaft-schwaige.de, tgl. 11–24 Uhr

 Cafés

Backspielhaus Kleine Törtchen, Croissants und üppig belegte Sandwiches. ■ Südliche Auffahrtsallee 77, Tel. 089/17 09 51 56, www.backspielhaus.de, Mo–Sa 6.30–18, So 8–18 Uhr

 Erlebnisse

Gondelfahrt Von April bis Mitte Oktober kann man auf dem Mittelkanal des Schlossparks auf venezianischen Gondeln übers Wasser schippern. ■ www.gondel-nymphenburg.de

35 Botanischer Garten

Ein Paradies für Pflanzenliebhaber auf über 20 Hektar Fläche

■ Tram 17 Botanischer Garten
■ Menzinger Straße 65, www.botmuc. de, Nov.–Jan. 9–16.30, Feb./März, Okt. 9–17, April, Sept. 9–18, Mai–Aug. 9–19 Uhr, 4,50 €, erm. 3 €

Im Frühjahr und Sommer wachsen rund 14 000 verschiedene Pflanzenarten beim denkmalgeschützten Gebäude der Botanischen Staatsanstalten. Zahlreiche Gewächshäuser, die tropisches bis wüstenhaftes Klima imitieren, auch im Winter sehenswert.

36 Schloss Blutenburg

Idyllisch gelegene mittelalterliche Burg-anlage im Münchner Westen

- Bus 56 Schloss Blutenburg
- Seldweg 15, www.blutenburg.de

Neben der Burg Grünwald im Münchner Süden ist Schloss Blutenburg die einzige mittelalterliche Burganlage im Münchner Raum. In ihrer heutigen Form entstand sie zwischen 1431 und 1440 für den späteren Herzog Albrecht III. als Jagdschloss und diente dann seinen Nachfahren zum Amüsement. Nach jahrelangem Verfall wurde die Blutenburg schließlich in den 1980er-Jahren restauriert. Das spätgotische Bauwerk im Münchner Stadtteil Obermenzing ist heute der Sitz der Internationalen Jugendbibliothek und der Erich-Kästner-Gesellschaft. Von Bäumen abgeschottet und einem kleinen Fluss umspielt (die Würm, die dem Starnberger See entspringt), ist das Schloss mit der Kapelle und seinem Gasthaus ein guter Ort, um die Seele baumeln zu lassen. Besonders stimmungsvoll: das alljährliche Weinfest im Mai und der Weihnachtsmarkt auf dem Schloss. Ein Spazier- und Fahrradweg führt an der Würm direkt zu Schloss Nymphenburg.

 Sehenswert

Wehrganggalerie und Binette-Schröder-Kabinett

| Museen |

An die Räume der Internationalen Kinder- und Jugendbibliothek angrenzend werden in einem schlichten,

Schloss Blutenburg liegt an einem im Jahr 1983 künstlich angelegten See

schmalen Gang wechselnde kinderbuchthematische Ausstellungen präsentiert. Das bücherregalgesäumte Kabinett unter den Dachschrägen ist Binette Schröder gewidmet, Illustratorin und Autorin zahlreicher renommierter Kinderbücher. Verborgen hinter einer kleinen Holztür: eine Spieluhr, in der ihre Figuren lebendig werden.
■ Mo–Fr 10–16, Sa, So 14–17 Uhr, 2 € (für beide Ausstellungen)

Michael-Ende-Museum
| Museum |
Fans von Momo, Jim Knopf und Lukas dem Lokomotivführer oder der »Unendlichen Geschichte« finden im 1998 eingerichteten kleinen Museum Erinnerungsstücke aus dem Leben des Schriftstellers, von Pfeifen über Originalausgaben seiner Bücher bis hin zu einer japanischen Wand, hinter der er sich gern zum Schlafen zurückzog.
■ Mi–So 14–17 Uhr, 2 €

James-Krüss-Turm
| Museum |
Ein kleines Museum erinnert an den Kinderbuchautor, der u.a. Timm Thaler erfand. Originalausgaben, Manuskripte, Illustrationen und Buchentwürfe, außerdem eine Bronzebüste des 1997 verstorbenen Schriftstellers.
■ www.jameskruess.de, Mo–Do 10–16, Fr 10–14 Uhr, 2 €

Schlosskirche
| Kirche |
Die 1488 errichtete Kapelle ist ein Gesamtkunstwerk der Spätgotik. Die originale Innenausstattung ist fast vollständig erhalten. Ein Höhepunkt ist der vermutlich von Kirchenmaler Jan Polack gestaltete Gnadenstuhl des Hauptaltars. Er stellt den Gottvater mit

der Kaiserkrone unter einem Baldachin mit weiß-blau gerauteten Stangen dar. Außen auf der Kirchenmauer: ein Bild des Heiligen Onuphrius, des Münchner Stadtpatrons.

Mahnmal
| Denkmal |
Am See hinter dem Schloss wurde 2001 eines von mittlerweile zahlreichen gleichgestalteten Mahnmalen von Künstler Hubertus von Pilgrim ausgestellt. Das eindrucksvolle, schlichte Monument erinnert an den Todesmarsch der Häftlinge des KZ Dachau, der in den letzten Kriegstagen hier vorbeiführte.

Biergärten

Inselmühle Direkt an der Würm gelegen, ein kleiner, idyllischer Biergarten unter Kastanien. ■ Von-Kahr-Straße 87, Tel. 089/810 10, www.inselmuehle-muenchen.com, April–Okt.
Zum Alten Wirt von Obermenzing Die Wirtschaft gilt als ältester Gasthof auf heutigem Münchner Stadtgebiet. Auf der Speisekarte stehen traditionelle bayerische Gerichte. ■ Dorfstraße 39, Tel. 089/811 15 90, www.alter-wirt-obermenzing.de

Events

Blutenburger Konzerte Klassische Konzerte in behaglicher Atmosphäre. ■ www.blutenburgerkonzerte.de
Blutenburger Weihnacht Weihnachtsmarkt im Blutenburger Schlosshof. ■ www.blutenburgverein.de
Weinfest der Südlichen Weinstraße Im Mai werden Pfälzer Weine, Winzersekte und Obstbrände angeboten. ■ www.suedlicheweinstrasse.de

Am Abend

Der Westpark ist jeden Sommer eine Pilgerstätte für Kinofans, die es sich auf den Steinstufen im Amphitheater vor der Leinwand am See bequem machen. Im Westend kann man zwischen zahlreichen Kneipen und Restaurants wählen, und auch sonst ist im Münchner Westen einiges geboten.

 Bühne

Blutenburg Theater Seit über 30 Jahren zeigt das kleine Privattheater nichts außer Kriminalstücke und Krimikomödien wie »Arsen und Spitzenhäubchen«. ■ Blutenburgstraße 35, U 1/2 Mailingerstraße, Tel. 089/123 43 00, www.blutenburg-theater.de

Circus Krone Im Winter Stammsitz des Zirkus, im Sommer Veranstaltungsort für Comedy, Konzerte oder Shows mit 3000 Sitzplätzen. ■ Marsstraße 43, Tram 16/17 Hackerbrücke, Tel. 089/545 80 00, www.circus-krone.com

Freiheizhalle Konzertbühne und Eventlocation, z.B. für Ü30-Partys. ■ Rainer-Werner-Fassbinder-Platz 1, S-Bahn Donnersbergerbrücke, Tram 16/17 Donnersbergerstraße, www.freiheiz.com

 Konzerte

Feierwerk In vier Clubs und Spielstätten wird hier seit 30 Jahren junge Kunst, Musik und Kultur zelebriert. Bunt gemischtes Publikum. ■ Hansastraße 39, Bus 62/130 Hansapark, Tel. 089/72 48 80, www.feierwerk.de

Nymphenburger Schlosskonzerte Im Hubertussaal im Orangerietrakt des Nymphenburger Schlosses finden regelmäßig klassische Konzerte statt. ■ Schloss Nymphenburg 1, www.hubertussaal.de

 Kneipen, Bars und Clubs

Backstage Hier gab Eminem Ende der 1990er-Jahre sein erstes Deutschland-Konzert. Neben Konzerten und Partys locken der Biergarten (mit Grillmöglichkeit im Sommer) und gelegentliches Public Viewing. ■ Reitknechtstraße 6, S-Bahn Hirschgarten, Tel. 089/126 61 00, www.backstage.info

Bar Gabányi Wirt Stefan Gabányi war lange Barkeeper im legendären Schumann's, Bar Gabányi ist sein eigener Laden. Donnerstags oft Konzerte. ■ Beethovenplatz 2, Bus 58 Beethovenplatz 2, U 3/6 Goetheplatz, Tel. 089/51 70 18 05, www.bar-gabanyi.de, Mi–So 17–3 Uhr

Kongressbar Cocktailbar im Stil der 1950er-Jahre, gelegentlich mit Live-Jazz. ■ Theresienhöhe 15, U 4/5 Schwanthalerhöhe, Tel. 089/45 21 17 00, www.kongressbar.de, Di–Sa ab 17 Uhr

 Kinos

Kino, Mond & Sterne Open-Air-Kino auf der Seebühne im Westpark. Das Programm startet erst mit Einbruch der Dunkelheit. Tipp: Früher kommen und Picknick mitbringen (oder vor Ort kaufen). Von Juni bis September. ■ Seebühne im Westpark, U 6 Westpark, Tram 18 Stegener Weg, www.kino-mond-sterne.de

Übernachten

Der Münchner Westen hat sich zu einer beliebten Hotelgegend gemausert. Mit Häusern wie ibis, Eurostars Grand Central, Novotel oder dem AO Hostel ist die vom Hauptbahnhof wegführende Arnulfstraße eine wahre Hotel-Meile.

€

Arcona Living München In einem ehemaligen Kino setzt das Hotel optisch auf Filmmotive. Unweit des Rotkreuzplatzes, moderne Zimmer und Gastronomie mit Weinhandlung. ■ Nymphenburger Straße 136, Tel. 089/540 22 70, www.muenchen.arcona.de

Holiday Inn Express Munich City West Modernes Business-Hotel nahe dem Hirschgarten. ■ Friedenheimer Brücke 15, Tel. 089/443 88 80, www.hiexpress.com

Hotel Mariandl Eine bewegte Vergangenheit hat das urige Hotel in dem Gebäude von 1899. So war es etwa im Zweiten Weltkrieg Verteilerstelle für Lebensmittel an die Außenbezirke der Stadt. Mit seinen knarzenden Dielen und historischen Möbeln hat es einen ganz eigenen Charme. Jedes Jahr nutzen Künstler einige der Räume bei laufendem Hotelbetrieb als Gestaltungs- und Ausstellungsort. Charmant: das angeschlossene Wiener Kaffeehaus. ■ Goethestraße 51, Tel. 089/552 91 00, www.mariandl.com

Hotel Mons am Goetheplatz Kleines Design-Hotel mit Zimmern in drei Preisklassen, von Budget bis Komfort. ■ Waltherstraße 33, Tel. 089/30 90 74 96, www.hotel-am-goetheplatz.de

Laimer Hof Drei-Sterne-Hotel in einer Villa nahe dem Schloss Nymphenburg. ■ Laimer Straße 40, Tel. 089/178 03 80 www.laimerhof.de

€€

Art Hotel Munich »Art«, also Kunst, findet sich hier in jedem Zimmer. Das Hotel liegt ganz zentral, mitten im Bahnhofsviertel. Zum Oktoberfest ist es nur ein Katzensprung. ■ Paul-Heyse-Straße 10, Tel. 089/59 21 22, www.arthotelmunich.com

Bavaria Boutique Hotel Moderne bayerische Gemütlichkeit oberhalb der Theresienwiese. Die unterschiedlich gestalteten Zimmer spielen mit Münchner und Alpen-Motiven, manche mit kleinem Balkon. ■ Gollierstraße 9, Tel. 089/94 39 69 54, www.hotel-bavaria.com

Eurostars Grand Central Vier-Sterne-Haus mit Tram-Haltestelle direkt vor der Tür. Mit Wellnessbereich inkl. Pool und ein Tapas-Restaurant. ■ Arnulfstraße 35, Tel. 089/516 57 40, www.eurostarsgrandcentral.com

€€€

Hotel Königshof Direkt am Karlsplatz/Stachus gelegen, punktet dieses Luxushotel u.a. mit bester Sterneküche, Concierge-Service und edlen Suiten. ■ Karlsplatz 25, Tel. 089/55 13 60, www.koenigshof-hotel.de

Sofitel Munich Bayerpost Fünf-Sterne-Luxushotel in der Nähe des Hauptbahnhofs im historischen Münchner Postamt. Mit Spa, coolen Restaurants und Bars. ■ Bayerstraße 12, Tel. 089/59 94 80, www.sofitel.com

Der Münchner Norden

Im Olympiapark liefen einst die Athleten auf, jetzt rollt der Fußball in der Allianz Arena und in der BMW Welt rollen Autos vom Band

Bei den Sehenswürdigkeiten im Münchner Norden stehen Technik, Sport und Geschichte im Mittelpunkt. Ein prächtiger Repräsentant für den Wirtschaftsstandort München: die

BMW Welt und das BMW Museum mit ihren funkelnden alten und neuen Meisterwerken des Fahrzeugbaus. Sie bilden eine einzigartige Kombination von Autoauslieferung und Ausstellungen zur Geschichte, Gegenwart und Zukunft der Marken.

Nicht um den Verkehr auf der Straße, sondern in der Luft geht es in der Flugwerft Schleißheim: Auf 7500 m² zeigt das Museum knapp 100 Fluggeräte und viele andere Exponate aus der Luft- und Raumfahrt.

Nicht weit davon entfernt befindet sich die Schlossanlage Schleißheim. Über fast 2 km erstreckt sich die einstige Sommerresidenz der bayerischen Kurfürsten – das Alte Schloss im Westen, das Neue Schloss gleich dahinter und das im Osten der Anlage liegende Schloss Lustheim. Sie sind über einen weitläufigen, barocken Hofgarten miteinander verbunden.

Die Allianz Arena leuchtet je nach Spieltag in Bayern-Rot oder zu Spielen der Nationalmannschaft auch mal in Weiß. Ein kleines Museum ist dem FC Bayern gewidmet.

In der schönen Parkanlage des Olympiaparks mit ihren Hügeln, dem Schwimmbad und dem Fußballstadion toben sich heute v.a. Freizeitsportler aus. Das futuristisch aussehende Stadion, wie die gesamte Anlage für die Olympischen Spiele entworfen, fasziniert v.a. Architekturfans. Bei einer Zeltdachtour kann man das Stadion sogar von oben erkunden.

In diesem Kapitel:

ADAC Top Tipps:

Olympiapark

| Park |

Der Olympiapark wurde für die Olympischen Spiele im Jahr 1972 angelegt, auch heute noch wird die Anlage fleißig genutzt. 104

Allianz Arena

| Stadion |

Das architektonische Wahrzeichen im Norden der Stadt München. Das Stadion der Superlative leuchtet mal rot, mal weiß. 108

ADAC Empfehlung:

BMW Welt

| Museum |

Die Erlebniswelt des Autoherstellers begeistert kleine und große Fahrzeugfans gleichermaßen. 107

37 Olympiapark

9 *Einst sportlicher Mittelpunkt der Stadt, nun Freizeit- und Eventpark*

■ U3 Olympiazentrum, Tram 20/21 Olympiapark West, Tram 27 Petuelring
■ Spiridon-Louis-Ring 21, www.olympia park.de

Die 850 000 m² große Anlage mit ihren Hügeln, Sportanlagen und dem See nutzen heute viele Freizeitsportler. In der Olympiahalle finden zahlreiche Events statt, und die spektakuläre Architektur v.a. des Olympiastadions zieht viele Besucher an. Von April bis Oktober tuckert eine kleine Eisenbahn durch den Park.

Angelegt wurde der Park für die Olympischen Spiele im Jahr 1972, nachdem die Fläche des einstigen Verkehrsflughafens München-Oberwiesenfeld nach dem Zweiten Weltkrieg größtenteils brach lag. Aus Trümmern entstand u.a. der Olympiaberg, noch bevor 1966 mit dem Bau der Anlage für die Spiele begonnen wurde. Im damals errichteten Olympischen Dorf leben heute ca. 6000 Menschen, v.a. Studenten.

ADAC *Spartipp*

Beim Open-Air-Musikfestival »Theatron« wird jedes Jahr im Sommer die Seebühne im Olympiapark gerockt, knapp einen Monat lang finden jeden Abend Konzerte statt. Seit 1974 gibt es das Event, und das Beste: Es ist kostenlos. Eine dreitägige Einstimmung kann man bereits meist über Pfingsten erleben.
www.theatron.de

 Sehenswert

Olympiaberg
| Aussichtspunkt |
Wird im Olympiastadion ein Konzert gespielt, sitzen viele Münchner gern auf dem Olympiaberg, um mit einem Picknick kostenlos den Klängen zu lauschen. Aus Kriegstrümmern wurde dieser etwa 56 m hohe Hügel zwischen 1948 und 1957 aufgeschüttet. Auch der 37 m hohe Luitpoldhügel im nahen Schwabinger Luitpoldpark ist so entstanden. Von oben liegt einem hier der Park zu Füßen, das Olympiastadion mit seiner atemberaubenden Zeltdacharchitektur, die Silhouette der Stadt, und an klaren Tagen hat man Alpenpanorama. Hier finden auch gelegentlich Wintersport-Veranstaltungen statt, wie etwa 2011 und 2013 beim Alpinen Skizirkus.

Olympiaturm
| Aussichtsturm |
Mit 291,28 m Höhe (inkl. Antenne) ist der Fernsehturm das zweithöchste Gebäude Bayerns, nur übertroffen vom Nürnberger Fernmeldeturm. Drei unterschiedlich hohe Aussichtsplattformen ermöglichen den Rundumblick auf die gesamte Parkanlage und die Isarmetropole. Zwei schnelle Aufzüge bringen einen auf 185 m Höhe. Im rotierenden Restaurant kann man beim Essen die Stadt unter sich vorbeiziehen lassen. Außerdem befindet sich im Turm ein Rockmuseum.
■ Spiridon-Louis-Ring 7, www.olympia park.de, tgl. 9–24 Uhr, 7 €, erm. 5 €

Olympiastadion
| Architektur |
Mit seiner berühmten Zeltdachoptik von Architekt Frei Otto ist das Olympia-

Der im Durchschnitt nur 1,3 Meter tiefe Olympiasee mit Stadion und Olympiaturm

stadion immer noch eines der spektakulärsten Bauwerke in München. Entstanden wie der Rest des Parks anlässlich der Olympischen Spiele 1972, war es danach lange Fußballstadion. Sowohl der FC Bayern München als auch teilweise der TSV 1860 München trugen bis 2005 hier ihre Spiele aus. Den Sieg der Fußball-Weltmeisterschaft konnten Kapitän Franz Beckenbauer und seine Mannschaft 1974 hier feiern. Heute findet der Fußball im Stadion v.a. in Form von Public Viewing statt. Aber auch Großveranstaltungen wie Konzerte werden gern hier abgehalten: Michael Jackson, die Rolling Stones und Coldplay waren schon zu Gast.

■ Spiridon-Louis-Ring 27, www.olympia park.de, Mai–Aug. tgl. 9–20 Uhr, sonst abweichende Zeiten, Eintritt (ohne Führung) 3,50 €, erm. 2,50 €, Stadiontour: Mo–Do 11 und 13, Fr–So 11, 13 und 16 Uhr (in der Saison)

Erinnerungsort Olympia-Attentat
| Mahnmal |
Auf einem Hügel an der Connollystraße erinnert eine Gedenkstätte an das Attentat auf die israelischen Sportler, das die Olympischen Spiele 1972 überschattete. Im Mittelpunkt der Ausstellung stehen die Biografien der elf Israelis, die dem Attentat zum Opfer fielen.
■ Hanns-Braun-Brücke

Ost-West-Friedenskirche
| Kirche |
Timofej Wassiljewitsch Prochorow, genannt Väterchen Timofej, baute diese kleine russisch-orthodoxe Kirche eigenhändig mit seiner Frau Natascha. Das kleine Gotteshaus entstand aus dem, was zu finden war, etwa Schutt aus dem Zweiten Weltkrieg oder silbernes Schokoladenpapier. Nebenan ist ein kleines Museum zu Ehren des 2004 verstorbenen Erbauers.
■ Spiridon-Louis-Ring 100

Coop Himmelb(l)au entwarfen mit der BMW Welt ein Eventcenter für das Automobil

Restaurants

€€ | **Restaurant Olympiasee** Am Fuße des Olympiaturms findet man leckere Gerichte: Pizza, Pasta, Schnitzel und Co. ■ Spiridon-Louis-Ring 7, Tel. 089/350 94 85 40, www.restaurant-olympiasee.de, tgl. 11–18 Uhr

€€ | **Zum Ferdinand** Im »Bamberger Haus«, einem neobarocken Bau im Luitpoldpark, lässt es sich in liebevoll restauriertem Ambiente fein bayerisch speisen. ■ Brunnerstraße 2, Tel. 089/322 12 82 10, www.zum-ferdinand.de , Di–Fr ab 17, Sa, So ab 11 Uhr

€€€ | **Restaurant 181** Das Restaurant in 181 m Höhe – dreht sich innerhalb von 49 Minuten einmal um die eigene Achse. Tagsüber gibt es Mittagsgerichte, Kaffee und Kuchen, abends Menüs mit gehobener internationaler Küche. ■ Spiridon-Louis-Ring 7, Tel. 089/350 94 81 81, www.restaurant181.com

Kinder

Sea Life Vom Pyjama- bis zum Gitarrenhai: Nicht nur die deutschlandweit größte Vielfalt an Haiarten ist in diesem Aquarium zu sehen, sondern noch über 200 andere Tiere. Am Berührungsbecken können Mutige Krebse und Krabben auf die Hand nehmen, im Unterwassertunnel fühlt man sich wie ein Taucher, ohne nass zu werden. ■ Willi-Daume-Platz 1, www.visitsealife.com, Mo–Fr 10–17, Sa, So 10–18 Uhr, 17,95 €, erm. 14,50 € (reduzierte Preise bei Online-Buchung)

Events

Sommer-Tollwood Das Festival am Olympiapark lockt nicht nur mit Konzerten von Stars, Newcomern und lokalen und regionalen Bands und anderen kulturellen Veranstaltungen, sondern auch mit Kunsthandwerks-ständen und Kulinarik. Das winterliche Pendant findet auf der Theresienwiese (S. 88) statt. ■ www.tollwood.de

 Erlebnisse

Zeltdachtour Wer die faszinierende Architektur des Zeltdaches über dem Olympiastadion hautnah erleben will, hat bei einer Zeltdachtour die Gelegenheit dazu. Nach einer Sicherheitseinweisung geht es hoch hinauf. Für besonders Wagemutige auch mit Abseilen und Flying Fox. ■ Anmeldung erforderlich: www.touren-olympiapark.de, 43 €, erm. (mind. 10 J.) 33 €

Rodeln im Olympiapark Wenn im Winter genug Schnee liegt, verwandeln sich die Hänge des Olympiaparks in ein Paradies für Schlittenfahrer. Manche sind ziemlich steil, andere dagegen perfekt auch für Kinder. Die flacheren Abfahrten finden sich am Plateau des Berges, in Gipfelnähe. Die anspruchsvolleren Pisten sind nicht nur wegen der Steilheit trickreich, sondern auch, weil sie teilweise an einer Straße oder einem See enden. Also Obacht! ■ www.winter-muenchen.de

 BMW Welt

(23) *Wo Traumautos gebaut und geliebt werden*

■ U3 Olympiazentrum
■ Am Olympiapark 1, www.bmw-welt. com, Mo–Sa 7.30–24, So 9–24 Uhr, Ausstellungsbetreuung: 9–18 Uhr, Eintritt frei

In direkter Nähe des BMW Werkes, ist die BMW Welt eine kombinierte Auslieferungs- und Ausstellungsstätte. Fertige Fahrzeuge werden hier an ihre neuen Besitzer übergeben. In der BMW Welt sowie im bereits 1973 gegründeten BMW Museum erfahren Fahrzeugfans Wissenswertes über den berühmten Autohersteller und die Marken des Konzerns. Wechselausstellungen beleuchten Aspekte der Geschichte, Gegenwart und Zukunft der Marken, zahlreiche historische und moderne Fahrzeuge laden zum Staunen ein. Auf dem Dach des 2007 eröffneten Komplexes ist eine 8000 m² große Solaranlage installiert.

 Sehenswert

BMW Museum
| Museum |
Architekt des Gebäudes, das an eine Schüssel erinnert, war Karl Schwanzer, der auch das berühmte BMW-Hochhaus konzipierte. 1973 als eines der ersten Markenmuseen gegründet, wurde es ab 2002 neu konzipiert. Dabei wurde auch die Ausstellungsfläche vergrößert, die »Schüssel« mit dem danebenliegenden Flachbau verbunden. In sieben verschiedenen Bereichen auf 5000 m² funkeln einem hier rund 125 Originalexponate entgegen, Autos, Motorräder und Motoren. Von den allerersten Baureihen über die Designprozesse bis zu technischen Innovationen findet sich hier alles, was Autofans interessiert.
■ Am Olympiapark 2, www.bmw-welt. com, Di–So 10–18 Uhr, 10 €, erm. 7 €

BMW-Hochhaus
| Architektur |
Das 1973 eröffnete Verwaltungsgebäude des Autokonzerns am Petuelring von Architekt Karl Schwanzer ist unschwer zu erkennen, denn es sieht aus wie ein Vierzylinder und ist vom

Bei seiner Fertigstellung 1972 war das BMW-Hochhaus das höchste Bürogebäude Münchens

BMW-Logo gekrönt. Das knapp 100 m hohe Bauwerk trägt auch die Spitznamen BMW-Vierzylinder und BMW-Turm. Seit 1999 steht es unter Denkmalschutz. Im obersten Stock hat übrigens nicht der Vorstand seinen Sitz, sondern ein Falke: Der beschützt das Bauwerk vor Tauben.
■ Petuelring 130

 Restaurants

€€€ | Esszimmer Vom Luxusrestaurant der BMW Welt aus blickt man auf die Wagen in der Auslieferungshalle. Außergewöhnliche Kreationen mit hervorragenden Zutaten, mit zwei Michelin-Sternen gekrönt. ■ Am Olympiapark 1, Tel. 089/358 99 18 14, www.esszimmer-muenchen.de, Di–Sa ab 19 Uhr

 Erlebnisse

Führung durch das BMW Werk In unmittelbarer Nähe zur Konzernzentrale sowie zu BMW Welt und Museum arbeiten an diesem Standort etwa 7700 Mitarbeiter der Bayerischen Motorenwerke. 950 Fahrzeuge und über 3000 Motoren entstehen hier täglich. Die Produktionsmeile zieht sich durch insgesamt zwölf Hallen in alle Produktionsbereiche vom Presswerk bis zu Montage. Besucher können hier hautnah Einblicke in den modernen Automobilbau erhalten. Nur im Rahmen einer Führung, Anmeldung im Voraus erforderlich. Dauer ca. 2,5 Std. ■ Petuelring 130, Tel. 089/125 01 60 01, www.bmw-welt.com, Mo–Fr 9-16.30 Uhr, Eintritt mit Führung 9 €, Teilnahme ab 6 J.

39 Allianz Arena

 Imposant: das Stadion des Fußballvereins FC Bayern

■ U6 Fröttmaning
■ Werner-Heisenberg-Allee 25, www.allianz-arena.com

Wie ein riesiges Schlauchboot liegt das Fußballstadion im nördlichen Münchner Stadtteil Fröttmaning, oder auch wie ein riesiges UFO, wenn es in Bayern-Rot oder Weiß für die Nationalmannschaft leuchtet. 2005 eröffnet, ist das futuristische Gebäude des Architektenteams von Herzog & de Meurer in kürzester Zeit zu einem architektonischen Wahrzeichen der Stadt geworden. In knapp 3000 Luftkissen der Außenhaut leuchten an Spieltagen LEDs, was an klaren Tagen sogar von österreichischen Berggipfeln noch zu sehen ist – auf jeden Fall aber, wenn man auf der A 9 hier vorbeifährt. 75 000 Fans haben im Inneren Platz. Der FC Bayern München ist hier Hausherr. Der TSV 1860 München (die »Löwen«), der für eine Weile auch hier beheimatet war, spielt mittlerweile wieder im eigenen Stadion in Giesing. Alleiniger Eigner der Stadiongesellschaft und somit der Allianz Arena ist der FC Bayern, da die Löwen ihre Anteile wegen finanzieller Probleme 2006 verkaufen mussten.

 Sehenswert

FCB Erlebniswelt

| Museum |

Im Jahr 1900 gegründet, gibt es über den Fußballverein FC Bayern einiges zu erzählen. Seit 2012 erledigt das ein eigenes Museum im Inneren des Stadions. Fast 50 Pokale und Meisterschalen sind hier gesammelt, über 500 Bilder und Videos und mehr als 2500 Exponate lassen in die Geschichte des Vereins eintauchen.

■ Werner-Heisenberg-Allee 25, www. allianz-arena.com, tgl. 10–18 Uhr (geänderte Öffnungszeiten an Spieltagen des FC Bayern), 12 €, erm. 6 €

 Erlebnisse

Arena Tour Ein Blick hinter die Kulissen in die Welt von Müller, Neuer und Co.: Dabei darf man nicht nur durch den Spielertunnel laufen, sondern mit etwas Glück auch in die Mannschaftskabinen spähen und in den Raum für Pressekonferenzen. An Spieltagen des FC Bayern finden spezielle Touren für Karteninhaber des jeweiligen Spiels statt. Nur für Gruppen ab 20 Personen, Anmeldung erforderlich. ■ www. allianz-arena.com, 12 €, erm. 6,50 €

Während der Spiele des FC Bayern erstrahlt die Allianz Arena in Rot

Schlossanlage Schleißheim

Drei Schlösser in einem der schönsten Barockparks Europas

■ MVV Regionalbus 292 (ab Garching), Oberschleißheim, Schloss
■ Max-Emanuel-Platz 1, Oberschleißheim, www.schloesser-schleissheim.de

Gleich drei Schlösser liegen im etwas außerhalb von München befindlichen Oberschleißheim ganz nah beieinander: das Alte Schloss, das Neue Schloss und das Schloss Lustheim. Über einen weitläufigen, barocken Hofgarten mit Broderien und Hecken, Wasserflächen, Fontänen und Kaskaden sowie einem Mittelkanal sind sie alle miteinander verbunden. Die gesamte Anlage erstreckt sich über etwa 2 km Länge.

 Sehenswert

Altes Schloss Schleißheim
| Schloss |

Das älteste der drei Schlösser geht zurück auf Herzog Wilhelm V., zunächst sehr bescheiden als Gutshof. Erweitert auf seine heute noch sichtbaren Dimensionen, eine umfangreiche Hofanlage mit Schloss, wurde es ab 1617 unter Maximilian I. Im Zweiten Weltkrieg wurde das Alte Schloss stark zerstört – Ziel der Bomben war vermutlich der nahe gelegene militärische Flugplatz. Die Außenfassade wurde zwar wiederhergestellt, im Inneren blieben jedoch lediglich die südlichen Raumgefüge und der Große Saal erhalten. Das Schloss beherbergt zwei Sammlungen des Bayerischen Nationalmuseums, zur Landeskunde Ost- und Westpreußens sowie zu kirchlichen Festen.

Blühende Blumenrabatten beleben die Gärten um das Neue Schloss Schleißheim

■ Maximilianshof 1, Oberschleißheim, www.bayerisches-nationalmuseum.de, April–Sept. Di–So 9–18, Okt.–März Di–So 10–16 Uhr, 2–3 €, unter 18 J. Eintritt frei

Neues Schloss Schleißheim
| Schloss |

Kurfürst Max Emanuel hoffte Ende des 17. Jh. darauf, die Kaiserwürde zu erhalten. Seine Ambitionen wollte er mit einem neuen, prächtigen Schloss nach französischem Vorbild unterstreichen. Die Hoffnungen zerschlugen sich, sodass das Neue Schloss schließlich sehr viel kleiner gebaut wurde als geplant. Eindrucksvoll ist der 300 m breite Bau trotzdem. Einige sehenswerte Räume vermitteln einen Eindruck in das höfische Leben zu Zeiten des Absolutismus. Außerdem befindet sich hier die Barockgalerie der Bayerischen Staatsgemäldesammlungen.

■ Max-Emanuel Platz 1, Oberschleißheim, www.schloesser-schleissheim.de, April–Sept. Di–So 9–18, Okt.–März Di–So 10–16 Uhr, 3,50–4,50 €, unter 18 J. Eintritt frei

Schloss Lustheim
| Schloss |

Vom Neuen Schloss führt ein ca. 1 km langer Spaziergang entlang des Mittelkanals zu diesem Lust- und Jagdschloss, zu dessen Ensemble zwei Pavillons außerhalb des Ringkanals gehören. Die bunten Deckenfresken im Festsaal feiern Diana, die Göttin der Jagd. Seit 1971 beherbergt das Schloss eine wertvolle Sammlung frühen Meißener Porzellans.

■ Max-Emanuel Platz 1, Oberschleißheim, www.schloesser-schleissheim.de, April–Sept. Di–So 9–18, Okt.–März Di–So 10–16 Uhr, 2,50–3,50 €, unter 18 J. Eintritt frei

 Restaurants

€€ | **Restaurant Kurfürst am Schlosspark** Modernes Traditionsgasthaus in Schlossparknähe, seit 1890. Klassiker, internationale Küche und Dry Aged Beef vom Grill. ■ Hochmuttinger Straße 15, Oberschleißheim, Tel. 089/315 45 43, www.restaurant-kurfuerst.de

€€ | **Schlosswirtschaft Oberschleißheim** Gemütliche Gaststätte der Bayerischen Schlösserverwaltung mit dem Flair einer Almhütte. Schweinebraten, Knödel und Kaiserschmarrn. ■ Maximilianshof 2, Oberschleißheim, Tel. 089/315 15 55, www.schlosswirtschaft-oberschleiß heim.com, Mo geschl.

41 Flugwerft Schleißheim

Eine Zweigstelle des Deutschen Museums, rund um das Thema Flugzeuge

■ Bus 292 Mittenheimerstraße (Oberschleißheim), S-Bahn S1 Oberschleißheim (15 min. Fußweg)
■ Ferdinand-Schulz-Allee, Oberschleißheim, www.deutsches-museum.de/flugwerft, tgl. 9–17 Uhr, 6 €, erm. 3–4 €

Vom Lilienthal-Gleiter bis zum Eurofighter: Anhand von 70 ausgestellten Flugzeugen und Hubschraubern aller Epochen kann man hier einen Rundgang durch die zivile und militärische Luft- und Raumfahrtgeschichte machen. Den Kern des Museums bilden aufwendig restaurierte historische Gebäude der Königlich-Bayerischen Fliegertruppen aus den Jahren 1912 und 1918. Die Flugwerft befindet sich auf einem historischen, noch aktiven Flugplatz, den man vom Turm aus gut überblicken kann.

Am Abend

Auch im Münchner Norden muss es einem am Abend nicht langweilig werden. Vor allem rund um den Olympiapark ist einiges geboten, angefangen von Großkonzerten in der Olympiahalle bis hin zu Open-Air-Kino in den Sommermonaten am Olympiasee. Im Stadtteil Allach tritt die Gaststätte Schießstätte das Erbe der legendären Musikkneipe »Schwabinger Podium« an.

 ## Bühne

Metropoltheater In einem Kino aus den 1950er-Jahren präsentiert das Privattheater anspruchsvolle eigene Stückentwicklungen sowie viele Film- und Romanadaptionen. ■ Floriansmühlstraße 5, Bus 181 Floriansmühlstraße, U 6 Freimann, Tel. 089/32 19 55 33, www.metropoltheater.com

 ## Konzerte

Olympiahalle Wenn Weltstars nach München kommen, dann singen sie hier. In der Olympiahalle finden außerdem Musicals, Shows und die alljährliche Konzertreihe »Night of the Proms« statt. ■ Spiridon-Louis-Ring 21, Bus 173 Olympiapark Eisstadion, U 3/8 Olympiazentrum, www.olympiapark.de

Zenith – Die Kulturhalle Konzerte, Messen, Kabarettveranstaltungen und andere Events in verschiedenen, z.T. denkmalgeschützten Hallen. ■ Lilienthalallee 29, U 6 Freimann, Tel. 089/360 35 17 21, www.zenith-muenchen.de

 ## Kneipen, Bars und Clubs

Schießstätte Bayerische Küche, Bühne für Konzerte. ■ Servetstraße 1, Bus 164 Servetstraße, Tel. 089/39 94 82, www.allacher-schiessstaette.de, Mo geschl.

ADAC *Das besondere Kino*

Von Mai bis September werden mitten im Olympiapark Kinofilme gezeigt, sogar in Digital 3D. Weiterer Luxus des **Kinos am Olympiasee**: Es gibt Liegestühle und »Love Seats« zum Mieten. Ein Picknick und Getränke (keine Glasflaschen!) kann man entweder selbst mitbringen oder an Ständen vor Ort erwerben.
Coubertinplatz 1, Bus 173 Olympiapark Eisstadion, U 3/8 Olympiazentrum, www.kinoamolympiasee.de

Übernachten

Im Münchner Norden haben sich, v. a. wegen der Nähe zum Münchner Flughafen, viele Businesshotels angesiedelt – die man natürlich auch ansteuern kann, wenn man nicht auf Geschäftsreise, sondern privat unterwegs ist. Sie bieten modernen Komfort, gute Anbindung zu den U-Bahnen, meist kostenloses WLAN und interessante Extras wie z. B. kostenlosen Fahrradverleih.

€

Hotel Blauer Karpfen Familiengeführtes Drei-Sterne-Haus mit eigener Gaststätte. 17 Einzel- und 20 Doppelzimmer. Gute S-Bahn- und Autobahn-Anbindung. ■ Dachauer Straße 1, 85764 Oberschleißheim, Tel. 089/31 57 15 00, www.hotel-blauer-karpfen.de

Motel One München Garching Modernes Budget-Designhotel nahe der U-Bahn Garching-Hochbrück, mit der man in 20 Min. im Zentrum ist. Kostenloses WLAN, kleine Bar. ■ Daimlerstraße 5a, 85748 Garching bei München, Tel. 089/36 03 52 50, www.motel-one.com

Super 8 Munich City North Modernes Budget-Designhotel nördlich des Frankfurter Rings. Gut für Familien: Kinder bis 17 Jahre schlafen kostenlos im Zimmer der Eltern. ■ Am Nordring 4, 80687 München, Tel. 089/210 20 50, www.wyndhamhotelgroup.de

€€

Arthotel Ana im Olympiapark Modernes Businesshotel mit kostenlosem WLAN im ganzen Haus und gratis Fahrradverleih. Guter U-Bahn-Anschluss. ■ Helene-Mayer-Ring 12, 80809 München, Tel. 089/35 75 10, www.ana-hotels.com/olympiapark

Hotel am Schlosspark zum Kurfürst Direkt am Schlosspark Schleißheim gelegenes Drei-Sterne-Superior-Hotel mit Schwimmbad und Sauna. Noch günstiger sind die Zimmer im ebenfalls zur Anlage gehörenden Chálet. ■ Hochmuttinger Straße 24, 85764 Oberschleißheim, Tel. 089/31 57 93 00, www.kurfuerst-hotel.de

Innside München Parkstadt Schwabing Modernes Businesshotel im Norden Schwabings im Industrial Chic mit Fitnessraum und Sauna. ■ Mies-van-der-Rohe-Straße 10, 80807 München, Tel. 089/35 40 80, www.melia.com/innside

Leonardo Royal Hotel Vier-Sterne-Haus mit 120 Zimmern, in Laufweite zur U-Bahn-Station Oberwiesenfeld. Hauseigenes Restaurant und Bars, Fitnessbereich mit Kursen sowie ein Pool. ■ Moosacher Straße 90, 80809 München, Tel. 089/288 53 80, www.leonardo-hotels.de

Pullman Munich Modernes Hotel mit Bar, Restaurant und großem Spa- und Fitnessbereich. Fünf Minuten von der U-Bahn Nordfriedhof entfernt, zwei Haltestellen bis zur Münchner Freiheit. ■ Theodor-Dombart-Straße 4, 80805 München, Tel. 089/36 09 90, www.pullman-hotel-muenchen.de

The Spot Eine Alternative zu Hotel oder Pension: Serviced Apartments für Aufenthalte ab zwei Tagen mit Suiten ab 25 m² im coolen New-York-Style. ■ Petra-Kelly-Straße 4, 80797 München, Tel. 089/99 94 94 54, www.thespot.de

Das Umland

Im Süden befinden sich die herrlichen Seen, im Norden die Domstadt Freising und Dachau mit seinem Schloss und der Gedenkstätte

Auch der nicht weit entfernte Ammersee, ebenfalls im Südwesten Münchens, ist ein beliebtes Bade- und Erholungsziel der Münchner. Hier kann man angeln, segeln, windsurfen, sich im Stand-up-Paddling versuchen oder entspannt durch das Naturschutzgebiet spazieren.

Ein Klassiker ist die Wanderung von Herrsching am Ostufer des Ammersees zum Kloster Andechs, für die man eine knappe Stunde braucht. Apropos Kloster: Die älteste Brauerei der Welt in Weihenstephan, nicht weit von Freising, im Norden Münchens, ist ebenfalls klösterlichen Ursprungs. Freising selbst war lange ein religiöses Zentrum der Region: Als frühmittelalterlicher Bischofssitz und später Zentrum des Hochstifts Freising sowie als Herzogssitz hatte die Stadt große Bedeutung, bevor sie von München überholt wurde und mit der Säkularisation an Bedeutung verlor. Der eindrucksvolle Mariendom ist einen Besuch wert.

Das bayerische Voralpenland lockt mit zauberhaften Seen. Nur ca. 25 km südwestlich von München, liegt der Starnberger See. Bekannt ist er nicht nur für den mysteriösen Tod des Märchenkönigs Ludwig II. im Wasser, sondern auch für die vielen alten Villen und Schlösschen am Ufer. Der Starnberger See, Bayerns zweitgrößter See, ist perfekt zum Baden, Sporteln auf, im und rund ums Wasser und zum Erholen. Die Wasserqualität ist hervorragend.

Im Norden von München befindet sich auch die Stadt Dachau, zu trauriger Berühmtheit gelangt mit dem dortigen Konzentrationslager der Nationalsozialisten. Dieses ist heute eine bemerkenswerte Gedenkstätte. Die Stadt selbst punktet mit einem schönen Schloss, einst die Sommerresidenz der Wittelsbacher. Das beliebte Dachauer Volksfest findet jedes Jahr im August statt und ist für viele Münchner sozusagen das »Warm-up« fürs Oktoberfest.

In diesem Kapitel:

ADAC Empfehlungen:

 Kloster Schäftlarn
| Kloster |
Die Benediktinerabtei mit urigem Bräustüberl und Klosterladen liegt idyllisch im Isartal im Süden Münchens. 118

 Buchheim-Museum
| Museum |
Die Gemälde-Galerie liegt in einem modernen Gebäude und schönen Park in Bernried direkt am Starnberger See. 120

Pro Jahr besuchen etwa 800 000 Menschen die KZ-Gedenkstätte Dachau

42 Dachau

Kulturstadt etwa 16 Kilometer nördlich von München

- S-Bahn Dachau Stadt
- www.dachau.de

Dachau blickt auf eine mehr als 1200-jährige Geschichte zurück. Durch die malerische Lage vor den Toren Münchens wurde die Stadt im 19. Jh. zur Künstlerkolonie.
Einen großartigen Blick auf München bietet die Wittelsbacher Sommerresidenz Schloss Dachau. In der KZ-Gedenkstätte Dachau gelingt der sensible Umgang mit einer schweren Vergangenheit.

◉ Sehenswert

Schloss Dachau
| Schloss |
Die ehemalige Sommerresidenz der Wittelsbacher thront in einem prächtigen Garten auf dem Hügel der Dachauer Altstadt. Das Schloss geht auf eine frühmittelalterliche Burg der Grafen von Dachau zurück. Die prunkvolle Renaissance-Holzdecke im Festsaal ist ein echtes Schmuckstück. In einem Teil des Schlosses ist heute Restaurantbetrieb.
- Schlossstraße 7, Bus 719 oder 720/722 Rathaus, www.schloesser.bayern.de, April–Sept. Di–So 9–18, Okt.–März 10–16 Uhr, Hofgarten ab 7 Uhr bis Sonnenuntergang, 2 €, erm. 1 €

Gemäldegalerie Dachau
| Museum |
Hier stehen Landschafts- und Genrebilder des 19. und frühen 20. Jh. im Mittelpunkt, die Werke aus der »Künstlerkolonie Dachau«. Maler wie Carl Spitzweg, Christian Morgenstern oder Adolf Hölzel schätzten das Dachauer Moos als reizvolles Motiv.
- Konrad-Adenauer-Straße 3, www.dachauer-galerien-museen.de, Di–Fr 11–17, Sa, So 13–17 Uhr, 5 €, erm. 3 €

KZ-Gedenkstätte Dachau
| Gedenkstätte |
In der ehemaligen »Königlichen Pulver- und Munitionsfabrik Dachau« entstand im Dritten Reich das erste Konzentrationslager Bayerns. Bereits im Jahr 1933 kamen Häftlinge hierher. Das KZ Dachau galt als »Musterlager« und wurde zum Modell für die weiteren. Heute erinnert es mit Museum, Archiv und Bibliothek an die über 40 000 Menschen, die hier starben.

■ Alte Römerstraße 75, Bus 726 ab
Dachau Bahnhof, www.kz-gedenkstaette-
dachau.de, tgl. 9–17 Uhr, Eintritt frei
(Parkplatz kostenpflichtig)

 Restaurants

€€ | Schlosswirtschaft Mariabrunn
Nördlich von Dachau idyllisch gelegene traditionelle Wirtschaft mit Wald-
biergarten und Kinderspielplatz. ■ Gut
Mariabrunn 3, Mariabrunn, Tel. 08139/
8661, www.schlosswirtschaft-mariabrunn.
de, Fr 17–24, Sa, So 11–24 Uhr, Biergarten
April–Sept. tgl. ab 11 Uhr

 Events

Dachauer Volksfest Beliebtes Volksfest jedes Jahr im August:»Warm-up«
fürs Oktoberfest. ■ Ludwig-Thoma-
Straße 16, Dachau, www.dachau.de

 Erlebnisse

Kart Palast Funpark Drei Rennstre-
cken, außerdem Minigolf und Bowling.
■ Gadastraße 9, Bergkirchen, Tel. 08142/
41 85 10, www.kartpalast.de

ADAC *Mittendrin*

Montag bis Donnerstag um
19.30 Uhr läuft im bayerischen
Fernsehen die Kult-Soap »Dahoam
is Dahoam«. Die Geschichten aus
dem fiktiven Dorf Lansing werden
bei Dachau gedreht, wo man das
Filmset im Rahmen einer kostenlosen Führung auch besuchen kann.
Schleißheimer Straße 100, Dachau,
Führung Mi, Fr 10.30 und 16 Uhr
(nur nach vorheriger Anmeldung:
Tel. 0800/590 04 56)

43 Freising und Weihenstephan

Einst Bischofssitz, heute quirlige
Universitätsstadt

■ A 9 (Ausfahrt Allershausen) oder A 92
(Ausfahrt Freising-Süd, Freising-Mitte,
Freising-Ost)
■ www.freising.de

Lange Jahre hatte Freising vor München die Nase vorn: Als Herzogssitz im
ersten bairischen Stammesherzog-
tum, als frühmittelalterlicher Bischofssitz und Zentrum des Hochstifts Freising war die Stadt einst mächtig. Mit
der Säkularisation und dem Wachs-
tum Münchens verlor die 30 km nördlich von München gelegene Stadt jedoch immer mehr an Bedeutung.
Heute ist Freising eine lebendige Universitätsstadt mit über 50000 Einwoh-
nern und mehr als 250 denkmalgeschützten Bauwerken.

 Sehenswert

Domberg, Freising
| Kirche |
Das zentrale Bauensemble Freisings
wird dominiert vom Mariendom (eigentlich: Dom St. Maria und St. Korbi-
nian), einst Kathedralkirche und Bischofssitz des Bistums Freising. Heute
ist die Frauenkirche in München die
Kathedrale des gemeinsamen Erzbis-
tums München und Freising. Der Mariendom war ursprünglich romanisch,
anschließend gotisch, heute Rokoko.
Fresken und Stuck stammen von den
Gebrüdern Asam, das Hochaltarbild ist
eine Kopie des Originals von Peter Paul
Rubens. Die Bestiensäule in der Krypta
ist das einzige bekannte Exemplar in

ganz Deutschland. Zum Domberg gehören noch zahlreiche weitere Gebäude, etwa die Dombibliothek und die Fürstbischöfliche Residenz.

Marienplatz, Freising

| Architektur |

Bereits 996 wurde dem Freisinger Bischof das Markt-, Münz- und Zollrecht verliehen. Hier fand der Markt statt. Das Zentrum der Freisinger Altstadt wurde mehrfach neu gestaltet. So wurde das Rathaus bereits 1468 erstmals errichtet, der heutige Bau stammt von 1905. Die Stadtpfarrkirche St. Georg stammt von 1440, mit einem Vorgängerbau von 1250. Von der Balustrade aus hat man einen guten Blick auf die Stadt. Die Mariensäule im Zentrum des Platzes wurde vermutlich nach dem Vorbild der Münchner Mariensäule gestaltet. Vom Marienplatz weg bzw. hin führen die Untere bzw. Obere Hauptstraße mit zahlreichen Einkaufs- und Einkehrmöglichkeiten.

■ Marienplatz, Freising

Sankt Peter und Paul, Freising

| Kirche |

Die Klosterkirche von Neustift Sankt Peter und Paul gilt als eine der schönsten Rokokokirchen Bayerns. Sie wurde um 1700 vom italienischen Baumeister Giovanni Antonio Viscardi entworfen.

■ Ignaz-Günther-Straße 7, Freising, www.st-peterundpaul-freising.de

Bayerische Staatsbrauerei Weihenstephan

| Brauerei |

Auf dem Nährberg thront das ehemalige Kloster Weihenstephan, wo heute noch die gleichnamige Brauerei beheimatet ist. Sie gilt als älteste Brauerei der Welt, im Jahr 1040 erhielt das Klos-

ter das Brau- und Schankrecht. Im Biergarten sieht man bei schönem Wetter gen Süden bis München und zu den Alpen. Wo sich einst der Klostergarten befand, dehnt sich heute ein parkähnlicher Hofgarten aus.

■ Alte Akademie 2, Freising, www.weihenstephaner.de

44 Kloster Schäftlarn

 Benediktinerabtei, idyllisch im Isartal im Süden von München

■ Klosterstraße 2, Schäftlarn, www. abtei-schaeftlarn.de, Mo–Fr 8–17.30, Sa 9.30–15 Uhr

Die 792 gegründete Abtei zählt zu den bayerischen »Urklöstern« und liegt etwa 25 km südlich von München am Jakobsweg. Nach wechselvoller Geschichte – im 10. Jh. war die Abtei gänzlich erloschen – übergab König Ludwig I. die Klosteranlage (wieder) den Benediktinern. 1910 wurde sie von Prinzregent Luitpold erneut in den Rang einer Abtei erhoben.

👁 Sehenswert

Klosterkirche

| Kirche |

Die baufällige Klosterkirche wurde 1733 zunächst von François de Cuvilliés dem Älteren, später nach Unterbrechungen von anderen Baumeistern, neu gebaut. Das Rokoko-Juwel beeindruckt v.a. mit sehenswerten Stuckaturen und Fresken von Johann Baptist Zimmermann. Die Jahreskrippe wird das ganze Jahr über geschmückt und ausgestellt.

■ Klosterstraße 2, www.abtei-schaeftlarn.de

Von den Patres des Klosters Schäftlarn wird auch ein privates Gymnasium betrieben

Prälatengarten
| Park |

Umringt von Barockgebäuden, duftet es in dem hübschen Klostergarten nach Rosen und Lavendel. Er wird von Ehrenamtlichen gepflegt.

 Restaurants

€ | **Klosterbräustüberl Schäftlarn** Traditionelle bayerische Küche mit saisonalen Angeboten und regionalen Produkten. ■ Kloster Schäftlarn 16, Tel. 08178/36 94, www.klosterbraeustueberl-schaeftlarn.de, tgl. 10–22 Uhr

 Einkaufen

Klosterladen Produkte der Forstwirtschaft, Imkerei und Schnapsbrennerei. ■ Kloster Schäftlarn, www.abtei-schaeftlarn.de/wirtschaft-betriebe/klosterladen, Mi–Sa 14–17, So 11–17 Uhr

45 Starnberger See

*Die »Badewanne« Münchens
ist Bayerns zweitgrößter See*

■ S 6 Starnberg, Possenhofen, Tutzing, Feldafing

Nur etwa 25 km südwestlich von München liegt der Starnberger See, in der Region Fünf-Seen-Land, zu der auch Ammersee, Wörthsee, Pilsensee und Weßlinger See zählen. Tragische Berühmtheit erlangte er durch den mysteriösen Tod des Märchenkönigs Ludwig II. Beliebte Badeplätze rund um den See sind u.a. in Berg, Possenhofen oder in Starnberg. Bei einer Fahrt auf dem See kann man vom Wasser aus die edlen Villen und Schlösser am Ufer besonders gut entdecken. Am Westufer, auf der Höhe von Feldafing, liegt die Roseninsel. Einen guten Ausblick über den ganzen See hat man von der Ilkahöhe, von Tutzing aus in einem einfachen Fußmarsch zu besteigen.

 Sehenswert

Schloss Possenhofen
| Schloss |

Wie die Schlösser Starnberg und Berg war auch dieses Schloss am Starnberger See lange im Besitz der Wittelsbacher, weshalb der See auch den Spitznamen »Fürstensee« erhielt. Hier, auf der Westseite, wuchs die spätere Kaiserin Elisabeth alias »Sisi« auf. In Pöcking ist ihr ein kleines Museum gewidmet. Das Schloss, im 16. Jh. von Herzog Wilhelm IV erbaut, ist heute in Privatbesitz und kann nicht besichtigt werden – durch den schönen Schlosspark aber kann man schlendern.

■ Schloss: Karl-Theodor-Straße 14, Pöcking, Kaiserin Elisabeth Museum: Schlossberg 2, Pöcking, www.kaiserin-elisabeth-museum-ev.de, Mai–Mitte Okt. Fr–So 12–18 Uhr, 4 €, erm. 1–3 €

Votivkapelle, Berg
| Kapelle |

Zehn Jahre nach dem mysteriösen Tod Ludwigs II. im Wasser des Starnberger Sees wurde oberhalb der Todesstelle, am Ufer nahe Berg, diese Votivkapelle zum Gedenken errichtet. Von außen ganzjährig zu besichtigen.

■ Berg, www.gemeinde-berg.de

Buchheim Museum der Phantasie, Bernried
| Museum |

🔶 25 *Die Schätze von Sammler Lothar-Günther Buchheim*

Das in einem schönen Park direkt am Starnberger See gelegene Museum zeigt Gemälde, Aquarelle, Zeichnungen und Druckgraphik der Expressionisten, mit besonderem Schwerpunkt auf der Künstlergemeinschaft Brücke (Ernst Ludwig Kirchner, Erich Heckel).

■ Am Hirschgarten 1, Bernried, www.buchheimmuseum.de, April–Okt. Di–So 10–18, Nov.–März Di–So 10–17 Uhr, 8,50 €, erm. 4 €

Im am Ostufer gelegenen Herrsching starten Rundtouren über den Ammersee

Restaurants

€ | Brückenwirt Wolfratshausen Günstige bayerische Gerichte und mehr: Mo Schnitzel-, Do Burgertag. Mit schönem Biergarten. ■ Königsdorfer Straße 2, Wolfratshausen, Tel. 08171/34 51 68, www.brueckenwirt-wolfratshausen.de, Mi–Mo ab 10 Uhr

€€ | Café Seeseiten Gaststätte in phänomenaler Lage mit eigenem Seezugang am Westufer des Sees. ■ Seeseiten 3, Seeshaupt, Tel. 08801/760, Mi–Mo 11–22 Uhr, Juli, Aug. auch Di

€€ | Zum Brückenwirt Fußläufig von der S-Bahn Starnberg zu erreichen, zehn Minuten vom See entfernt. Hier isst man zünftig. ■ Berger Straße 7, Starnberg/Percha, Tel. 08151/898 83, www.brueckenwirt-percha.de, Mi–Mo 11–23 Uhr

€€€ | Aubergine Modern-kreative Küche und gut sortierte Weinkarte im Hotel Vier Jahreszeiten Starnberg. ■ Münchnerstraße 17, Starnberg, Tel. 08151/447 02 90, www.aubergine-starn berg.de, Sept.–Juli Di–Sa 18.30–23 Uhr

Biergärten

Wirtschaft zum Häring Hier gibt es frischen Steckerlfisch vom Grill, dazu Seeblick am Westufer. ■ Midgardstraße 3–5, Tutzing, Tel. 08158/12 16, www. haering-wirtschaft.de

Kinder

Märchenwald im Isartal, Wolfrats-hausen Über 20 Märchen kann man sich hier nacherzählen lassen, dazu gibt's Fahrgeschäfte und Spielplätze. ■ Kräuterstraße 39, Wolfratshausen, www.maerchenwald-isartal.de, im Sommer tgl. 9–18 Uhr, letzter Einlass 16 Uhr

ADAC *Mobil*

Der Starnberger See ist bequem über die Autobahn A 95 oder mit der S-Bahn (S 6, Haltestellen Tutzing und Starnberg) zu erreichen. Zum Ammersee geht es über die A 96 oder mit der S-Bahn (S 8, Haltestelle Herrsching).

Entspannung

Strandbad Feldafing Das älteste Bad am See, hier am Westufer badete schon Kaiserin Elisabeth, »Sisi«. ■ Königinstraße 4, Feldafing, www.strandbad-feldafing.de

46 Ammersee

Idyllischer Badesee, umringt von Naturschutzgebieten

■ S 8 Herrsching
■ www.ammersee-lech.de

Der im Südwesten Münchens in den Voralpen gelegene See ist ein beliebtes Erholungsziel der Münchner. Das Ufer ist im Gegensatz zum Starnberger See weniger bebaut und von vielen eingewachsenen Naturflächen geprägt. Große Teile des Westufers sind für Spaziergänger nicht zugänglich. Bereits im Juni ist das Wasser des (nach Chiemsee und Starnberger See) drittgrößten bayerischen Sees über 20 Grad warm. Zum Baden, Radfahren, Wandern oder um in einem der vielen Biergärten eine gepflegte Maß zu trinken, kommt man hierher. Sehr beliebt ist die Wanderung von Herrsching am Ostufer des Sees bis zum Kloster Andechs.

Sehenswert

Kloster Andechs

| Kloster |

Auf dem 700 m hohen »Heiligen Berg« am Ostufer des Ammersees thront das im 15. Jh. gegründete Benediktinerkloster mit Wallfahrtskirche und angegliederter Brauerei, Bräustüberl (10–20 Uhr), Klostergasthof und hauseigener Metzgerei (nur Fr 8–11 Uhr). Es ist Teil der Benediktinerabtei St. Bonifaz und gilt als ältester Wallfahrtsort Bayerns. Der Andechser Orgelsommer, die Carl Orff-Festpiele und Symposien aller Art gehören zum regelmäßigen Andechser Kulturprogramm.

■ Bergstraße 2, Andechs, www.andechs.de

 Restaurants

€€ | **Alte Villa** Wirtsgarten direkt am Ammersee. Zum Frühschoppen an Sonn- und Feiertagen gibt es Jazz- oder Dixie-Livemusik. ■ Seestraße 32, Utting am Ammersee, Tel. 08806/53 44 56, www.alte-villa-utting.de, Di geschl.

€€ | **Fischer am Ammersee** Restaurant mit Holzterrasse direkt am See, Strandbar und Winterlounge mit Kamin. ■ Landsberger Straße 79, Inning am Ammersee, Tel. 08143/99 28 00, www. fischer-ammersee.com, tgl. ab 9 Uhr

€€ | **Seerestaurant Café Forster** Fangfrischer Fisch in einem alten Bootshaus aus den 1930er-Jahren. Nachmittags große Kuchen-Auswahl. ■ An der Point 2, Schondorf am Ammersee, Tel. 08192/ 219, www.cafeforster.de, tgl. 8–20 Uhr

 Biergärten

Andechser Bräustüberl Bier aus der Andechser Klosterbrauerei. An schönen Tagen hat man einen herrlichen Blick auf die bayerischen Alpen. Dem klösterlichen Tagesrhythmus angepasst, endet die Ausschankzeit um 20 Uhr. ■ Bergstraße 2, Andechs, Tel. 08152/37 62 61, www.andechs.de/gastro nomie/braeustueberl

 Erlebnisse

Führung durch die Klosterbrauerei Einen Blick hinter die Kulissen der klösterlichen Braukunst kann man in Andechs werfen. Montags bis donnerstags findet die einstündige Führung – nur nach Voranmeldung – statt. ■ Tel. 08152/37 62 61, 5,50 €

Seenschifffahrt Bei einer Rundfahrt auf nostalgischen Schaufelraddampffern über den Ammersee kann man an verschiedenen Orten zu- und aussteiggen. Anlegestellen sind in Herrsching, Breitbrunn, Buch, Stegen, Schondorf, Utting, Holzhausen, Riederau und Dießen. ■ Ostern–Okt., Tel. 08143/940 21, www.seenschifffahrt.de/ammersee

 Sport

Stand-up-Paddling Auf einem Surfbrett stehend über den See paddeln. Alter, Gewicht oder Kraft sind egal, nur schwimmen können sollte man. Ausrüstung verleiht die Surfschule Müller. ■ Surfschule Müller, Erholungsgebiet 1 (Kaangerstraße), Eching am Ammersee, Mobil 0160/90 39 53 44, www.skischule-mueller.de

 Entspannung

Strandbad Utting Nettes Strandbad mit vielen Spiel- und Sportmöglichkeiten und großem Sprungturm. ■ Seestraße 12a, Utting am Ammersee, www. strandbad-utting.de

Am Abend

Bühne

Hoftheater Bergkirchen Schauspiel, Musiktheater, Komödie und Jugendstücke im Privattheater westlich von Dachau. ■ Mühlstraße 8a, Bergkirchen, Bus 721/791 Bergkirchen, Mühlstraße, Tel. 08131/32 64 00, www.hoftheater-bergkirchen.de

Kulturschranne Dachau Städtisches Kultur- und Veranstaltungshaus in einer ehemaligen Markthalle mit Restaurant und Kleinkunstbühne für Konzerte, Theater oder Poetry Slams. ■ Pfarrstraße 13, Dachau, Bus 720 Dachau, Rathaus, Tel. 08131/668 11 00, www.kulturschranne.com

Konzerte

Dachauer Musiksommer Veranstaltungsreihe mit Konzerten verschiedenster Musikrichtungen. Ein Highlight ist das »Barockpicknick« im Hofgarten des Schlosses. ■ www.dachau.de/kulturtourismus/kunst-musik/dachauer-musiksommer.html

Kneipen, Bars und Clubs

Bajazzo Urige Kneipe mit gutbürgerlicher Küche, großer Bier- und Weinauswahl in Starnberg. ■ Oßwaldstraße 16, Starnberg, Tel. 08151/153 79, www.bajazzo-starnberg.de, Mo geschl.

Fuchs & Has Kneipe mit Biergarten, westlich von Dießen (Ammersee). ■ Dettenhofen 1, Dettenhofen, Bayerische Regiobahn, Station Dießen am Ammersee, ab dort Taxi oder Fußweg ca. 1,5 Std., Mi–So ab 18 Uhr

HiFive Burger & Bar Burgerfleisch und Hotdog-Würstel kommen von einem Hof im Dachauer Landkreis, Pommes und Soßen sind hausgemacht. Dazu gibt's abends Cocktails in stylischem Ambiente. ■ Fraunhoferstraße 5, Dachau, Bus 726 Kopernikusstraße, Tel. 08131/997 42 07, www.hifiveburger.de, Mi–Mo ab 17 Uhr

H'ugo's Beach Club Undosa Ein Ableger des Szene-Italieners in der Münchner Innenstadt mit Restaurant, Terrasse und Loungebereich direkt am Wasser. Partys am Wochenende. ■ Seepromenade 1, Starnberg, S 6 Starnberg, Tel. 08151/99 89 30, www.hugos-beachclub.de

Saustall Club Erst in der Beach Bar direkt am Starnberger See die Füße in den Sand stecken, dann im Club im Kellergewölbe (geöffnet für Partys und private Veranstaltungen) weiterfeiern. ■ Am Yachthafen 1–15, Bernried am Starnberger See, Regionalbahn bis Bernried, ab dort Fußweg ca. 15 Min., Tel. 08158/93 22 39, www.saustall.com

Kinos

Autokino Aschheim Im Drive-in-Kino sitzt man gemütlich mit Popcorn im eigenen Wagen, während auf der großen Leinwand Komödien, Action oder Horror flimmern. ■ Münchner Straße 60, Aschheim, Tel. 08151/903 40, www.autokino-aschheim.de

Fünf Seen Filmfestival Im Juli/August werden hier jedes Jahr zahlreiche Filme, auch für Kinder, gezeigt, dazu Vorträge und Diskussionen von und mit Filmemachern. ■ www.fsff.de

Übernachten

€

Altstadthotel Zieglerbräu Familiär geführtes Hotel mitten in der historischen Dachauer Altstadt. Schlichte Zimmer mit solider Ausstattung. Eigenes Restaurant mit Wirtsgarten und Panoramaterrasse. ■ Konrad-Adenauer-Straße 8, 85221 Dachau, Tel. 08131/45 43 96, www.zieglerbraeu.com

Amaro Hotel In den modernen Hotelzimmern mit Flat-TV sorgt eine Zirbenholz-Wand für gutes Klima. Im Gewerbegebiet, nahe der A 8 gelegen. ■ Gadastraße 2, 85232 Bergkirchen, Tel. 08142/650 58 90, www.amaro-hotel.de

Ammersee Hotel Direkt am Seeufer, etwa zehn Minuten vom S-Bahnhof Herrsching. Mit Wellnessbereich und eigenem Restaurant. ■ Summerstraße 32, 82211 Herrsching am Ammersee, Tel. 08152/968 70, www.ammersee-hotel.de

Gasthof Lerner Familienbetrieb seit 1919 mit eigenem Restaurant. Gutbürgerliche Küche, schlichte, saubere Zimmer mit guter Ausstattung und WLAN. ■ Vöttinger Straße 60, 85354 Freising, Tel. 08161/916 46, www.gasthof-lerner.de

Hotel Schlee Kleines Landhotel im Isartal oberhalb von Kloster Schäftlarn mit 19 Zimmern. Frühstücksbüfett, WLAN in einigen Zimmern. Italienisches Restaurant im Haus. ■ Bahnhofstraße 5, 82069 Schäftlarn, Tel. 08178/99 88 08, www.hotel-schlee.com

Marina Hotel Resort mit riesigem Grundstück (500 000 m²) direkt am Starnberger See mit eigenem Seeufer und Badefloß. Tagungsräume, Fitnessraum, Wellness und Indoor-Pool. ■ Am Yachthafen 1–15, 82347 Bernried am Starnberger See, Tel. 08158/93 20, www.marina-bernried.de

Die gemütliche Innenlounge und Empfangshalle des Ammersee Hotels

infopoint

museen & schlösser
in bayern

Informationen

bayerische Museen & **Schlösser**

München im *Alten* *Hof*

Kaiser Ludwig der Bayer

multimediale Münchner Kaiserburg

gotisches Gewölbe Affenturm

Stadtmauer

Blog Museumsperlen

Alter Hof 1 • 80331 München • Mo-Sa 10-18 Uhr

www.infopoint-museen-bayern.de

ADAC *Service München*

Beim **ADAC Infoservice**, in den **ADAC Geschäftsstellen** sowie auf dem **Internetportal des ADAC** (www.adac.de) erhalten Sie Informationen zu den Dienstleistungen des Automobilclubs und zu Ihrem Reiseziel. Als **ADAC Mitglied** können Sie zudem das kostenlose **ADAC TourSet® München** mit vielen Reiseinfos und Karten anfordern oder die **TourSet App** auf dem **Smartphone** oder **Tablet-PC** installieren (www.adac.de/toursetapp).
Rufen Sie bei Notfällen und Pannen den **ADAC Notruf** bzw. den **ADAC Auslandsnotruf** an. Unser Team steht Ihnen rund um die Uhr zur Verfügung.

ADAC Infoservice
Tel. 0 800/51 01 11 2
Infos zu allen ADAC Leistungen
(Mo–Sa 8–20 Uhr, gebührenfrei)

ADAC Notruf Deutschland
Tel. 0 180/222 22 22
(24 Std., ca. 6 ct/Anruf, max. 42 ct/Min. aus deutschem Mobilfunknetz)

ADAC Notruf Mobil-Kurzwahl
Tel. 22 22 22
(Gebühren variieren je nach Netzbetreiber)

ADAC Auslandsnotruf
Tel. +49/89/22 22 22
(Gebühren variieren je nach Netzbetreiber und Land)

Internet-Serviceangebote des ADAC für Ihre Reiseplanung

Service	Webadresse
Aktuelle Verkehrslage	www.adac.de/verkehr
ADAC Routenplaner	www.adac.de/maps
Infos zu Tankstellen und Spritpreisen	www.adac.de/tanken
Infos zu mautpflichtigen Strecken	www.adac.de/maut
Infos zu Fährverbindungen	www.adac.de/faehren
ADAC TourMail (Aktuelle Infos vor Anreise)	www.adac.de/tourmail
Informationen für Camper	www.adac.de/camping
Informationen für Motorradfahrer	www.adac.de/motorrad
Informationen für Segler und Skipper	www.adac.de/sportschifffahrt
ADAC Reiseangebote	www.adacreisen.de
ADAC Autovermietung	www.adac.de/autovermietung
ADAC Mitfahrclub (offen für alle)	www.adac.de/mitfahrclub
ADAC Versicherungen für den Urlaub	www.adac.de/versicherungen
Weltweite Preisvorteile für ADAC Mitglieder	www.adac.de/vorteile-international

Diese **Produkte des ADAC** könnten Sie auch interessieren: **ADAC Reiseführer Oberbayern, ADAC Reiseführer Berlin** und **ADAC Reiseführer Hamburg** – erhältlich im Buchhandel, bei den ADAC Geschäftsstellen und in unserem ADAC Online-Shop (www.adac.de/shop).

Anreise

Auto

München hat Anschluss an zahlreiche Autobahnen: die **A 8** von Saarlouis über Ulm, Augsburg und Stuttgart im Westen sowie von Salzburg und Rosenheim im Südosten. Die **A 9** von Berlin. Die **A 92** von Landshut, Deggendorf. Die **A 95** von Garmisch im Süden und die **A 96** vom Bodensee. Mit Ausnahme der A 8 münden alle Autobahnen direkt auf den Mittleren Ring, der als Stadtautobahn einmal um München herumführt.

Achtung: Für das Stadtgebiet benötigt man eine **Umweltplakette** (siehe Auto und Straßenverkehr).

Bahn und Bus

Aus dem Norden kommend, fährt die Deutsche Bahn (DB) München Hbf. direkt von **Hamburg** mit dem ICE an (Fahrzeit rund 6 Std.). Von Westen gibt es ICE-Direktverbindungen sowohl von **Köln** (ab 4,5 Std.) als auch von **Frankfurt/Main** (unter 4 Std.). Der ICE-Sprinter fährt die Strecke **Berlin–München** in unter 4 Std. Sparpreise ab 29 €, www.bahn.de. Aus der Schweiz gibt es Direktverbindungen von Zürich mit dem EC (4,5 Std., www.sbb.ch), von Österreich erreicht man München von **Salzburg** (in 1,5 Std.) und **Wien** (4,5 Std., www.oebb.at).

Vom Hbf. fahren **U-** und **S-Bahnen**, **Straßenbahnen** und **Busse**. **Taxi-Standplätze** befinden sich am Hbf. Süd, Hbf. Nord und am Bahnhofsplatz. Von vielen deutschen Großstädten fahren **Fernbusse nach München** (www.buslinensuche.de, www.fernbusse.de). Die meisten halten am Zentralen Omnibusbahnhof (ZOB) nahe der S-Bahn-Haltestelle Hackerbrücke.

Flugzeug

Der **Flughafen München Franz Josef Strauß** (MUC, www.munich-airport.de) liegt etwa 35 km nordwestlich vom Stadtzentrum an der A 92. Es gibt Linienflüge zu rund 20 innerdeutschen und zahlreichen internationalen Zielen. Im 10-Minuten-Takt verkehren vom Flughafen die **S-Bahnen** der Linie S 1 und S 8 in Richtung Innenstadt (Fahrzeit zum Marienplatz ca. 45 Minuten, einfache Fahrt 11,20 €). Außerdem startet vor dem Zentralbereich alle 15 Minuten der **Lufthansa Airport Bus**, der in München Nord/Schwabing und am Hauptbahnhof hält (einfache Fahrt 10,50 €, www.airportbus-muenchen.de). Mit dem **Taxi** dauert die Fahrt in die Innenstadt je nach Verkehrsaufkommen ca. 45 Minuten und kostet etwa 65 €.

Einreise

Österreicher und **Schweizer** benötigen für die Einreise nach Deutschland einen gültigen Reisepass oder Personalausweis (Identitätskarte).

 Auto und Straßenverkehr

Verkehrsvorschriften

Für das Stadtgebiet München innerhalb des Mittleren Rings ist eine grüne **Umweltplakette** (Schadstoffgruppe 4) erforderlich. Die Nutzung der Plakette wird streng kontrolliert, bei Fehlen droht eine Strafe von 40 € und ein Punkt in Flensburg.

Unfall

Nach einem Unfall sollten Sie sofort anhalten, die **Unfallstelle** absichern und Erste Hilfe leisten. Verständigen Sie bei **Personenschaden** unbedingt die Polizei (Tel. 112). Die **Notrufzentrale** des ADAC erreichen Sie bei Fahrzeugpannen und -unfällen unter Tel. +49/89 22 22 22.

Barrierefreies Reisen

Barrierefrei zugänglich für Rollstuhlfahrer sind u.a. der Hauptbahnhof, der Rathausturm mit Glockenspiel, die Residenz, der Tierpark Hellabrunn und das Oktoberfest. Beim Behindertenbeirat der Landeshauptstadt München erscheint ein Wegweiser für Touristen und Einheimische, der zahlreiche Angebote und weiterführende Adressen beinhaltet – z.B. barrierefreie Parkmöglichkeiten (www.muenchen-tourismus-barrierefrei.de).

Behindertenbeirat der Landeshauptstadt München

■ Burgstraße 4, München, Tel. 089/ 23 32 11 78, www.behindertenbeirat-muenchen.de

Biergärten

Seit jeher gilt in bayerischen Biergärten der Brauch, dass sich Gäste ihr Essen selbst mitbringen dürfen (außer in bestimmten bedienten Bereichen), sofern sie die Getränke des Wirtes konsumieren. Für sogenannte »Wirtsgärten« gilt diese Regelung nicht.

Feiertage

1. Januar (Neujahr), 6. Januar (Heilige Drei Könige), Karfreitag, Ostermontag, 1. Mai (Tag der Arbeit), Christi Himmelfahrt, Pfingstmontag, Fronleichnam, 15. August (Mariä Himmelfahrt), 3. Oktober (Tag der Deutschen Einheit), 1. November (Allerheiligen), 25./26. Dezember (1. und 2. Weihnachtsfeiertag).

Fundbüro

Die Münchner Verkehrsbetriebe unterhalten ein eigenes Fundbüro für Liegengebliebenes in U-Bahn, Bus und Tram. Während des Oktoberfestes gibt es ein eigenes »Wiesn-Fundbüro« auf dem Gelände. Für den Rest der Stadt ist das Fundbüro München zuständig.

Fundbüro München

■ Oetztaler Straße 19, München, Tel. 089/23 39 60 45

MVG Fundbüro

■ Elsenheimerstraße 61, München, Tel. 0800/344 22 66 00, fundbuero.mvg.de

Geld

Kosten im Urlaub
(durchschnittliches Preisniveau)

Tasse Cappuccino	3 €
Softdrink (Limonade)	2,50 €
Glas Bier (0,5 Liter)	3,30 €
Glas Wein (0,2 Liter)	6 €
Hauptgericht (Restaurant)	13 €
Eintritt Museum	8 €
Mietwagen/Tag	ab 25 €
ÖPNV (Einzelfahrt)	2,80 €

Banken und Sparkassen sind meist Mo–Fr 9–12.30 und 13.30–16, Do bis 18 Uhr geöffnet. Mit **EC- und Kreditkarten** kann man bei vielen Filialen rund um die Uhr Geld abheben.

Gesundheit

Für Österreicher und Schweizer ist i.d.R. die Vorlage einer europäischen Versicherungskarte ausreichend.

Apotheken haben meist Mo–Sa 9–18 Uhr geöffnet. Die nächstgelegene notdienstbereite Apotheke finden Sie unter http://lak-bayern.notdienst-portal.de/blakportal, sie ist außerdem in jeder Apotheke angeschlagen.

Wenn Sie einen Arzt benötigen, hilft der **Ärztliche Bereitschaftsdienst** (Tel. 11 61 17), den **Zahnärztlichen Notdienst** erreicht man unter Tel. 089/30 00 55 15, den **Giftnotruf** unter Tel. 089/192 40.

 Information

Touristeninformation im Rathaus
■ Marienplatz 8, Tel. 089/23 39 65 00, Mo–Fr 9.30–19.30, Sa 9–16, So 10–14 Uhr

Touristeninformation am Hbf.
■ Bahnhofsplatz 2, Mo–Sa 9–20, So 10–18 Uhr

Infopoint Museen und Schlösser in Bayern
■ Alter Hof 1, Tel. 089/21 01 40 50, Mo–Sa 10–18 Uhr

 Kultur und Tickets

Zentrale Vorverkaufsstellen befinden sich u.a. im Rathaus, im Untergeschoss der U-Bahn Marienplatz, im Hbf., im Gasteig sowie im Untergeschoss der U-Bahn Karlsplatz/Stachus (Mo–Fr 9–18, Sa 9–16, So 10–16 Uhr).

Zusätzliche Vorverkaufsstellen für Nationaltheater/Bayerische Staatsoper, Bayerisches Staatsschauspiel, Staatstheater am Gärtnerplatz und Prinzregententheater gibt es bei den jeweiligen Häusern.

München Ticket
■ Tel. 089/54 81 81 81, www.muenchen ticket.de

 Klima und beste Reisezeit

München liegt mit warmgemäßigtem Klima in der Übergangszone vom feuchten atlantischen zum trockenen kontinentalen Klima und ist zu jeder Jahreszeit eine Reise wert. An durchschnittlich etwa zehn Tagen im Jahr weht von den Alpen her der Föhn – schön für Besucher, weil man dann die Alpen besonders klar sieht. Die Alpen bescheren München recht viel Schnee.

Klimatabelle München

Monat	Luft (°C) (min./ max.)	Sonne (h/Tag)	Regen-tage
Jan.	-5/2	3	10
Feb.	-4/4	2	13
März	-1/8	4	10
April	3/3	5	11
Mai	7/17	7	12
Juni	10/21	7	13
Juli	12/23	7	12
Aug.	10/19	6	8
Sept.	10/19	6	8
Okt.	4/14	4	8
Nov.	0/7	2	10
Dez.	-4/3	2	10

 Medien

Das Stadtmagazin »inMünchen« informiert über Kinoprogramm, Konzerte und andere Veranstaltungen. Es liegt in vielen Lokalen kostenlos aus. Tagesaktuell informieren außerdem die »Süddeutsche Zeitung«, »Abendzeitung und »tz«. Einmal im Jahr erscheint das Magazin »DelikatEssen« (www.delikatessen-muenchen.de) mit ausführlichen Gastrokritiken.

Festivals und Events

Februar

Tanz der Marktfrauen (Faschingsdienstag, 11 Uhr) – Höhepunkt der Faschingszeit am Viktualienmarkt.

März

Starkbierfest am Nockherberg (Mitte März–Anfang April) – Starkbier, bayerische Spezialitäten und Politiker-»Derblecken«.

April

Frühlingsfest (Mitte April–Anfang Mai, Theresienwiese) – Volksfest.
Lange Nacht der Musik (Ende April/Anfang Mai) – 400 Konzerte in rund 100 verschiedenen Locations.

Mai

Maidult (Anfang Mai, Mariahilfplatz) – Erste der drei jährlichen Auer Dulten (Jakobidult im Sommer, Kirchweihdult im Herbst).
Streetlife Festival und Corso Leopold (Mitte Mai und Mitte September) – Straßenfest auf der Ludwig- und der Leopoldstraße.

Juni

Stadtgründungsfest (Mitte Juni) – Zahlreiche Veranstaltungen in der Innenstadt.
Münchner Opernfestspiele (Mitte Juni–Ende Juli) – Opern, Konzerte, Ballett- und Liederabende.
Tollwood (Mitte Juni–Mitte Juli) – Sommerfestival im Olympiapark mit Buden und Konzerten.
Filmfest München (Ende Juni–Anfang Juli, Gasteig, www.filmfest-muenchen.de) – Großes Filmfestival mit Open-Air-Filmvorführungen.

Juli

Kocherlball (Mitte Juli, Chinesischer Turm) – Tanz in aller Frühe.

August

Theatron MusikSommer (Anfang–Ende August, www.theatron.net) – Open-Air-Festival im Olympiapark.
Hans-Sachs-Straßenfest (Mitte August, Glockenbachviertel) – Straßenfest der schwul-lesbischen Community.

September

Oktoberfest (Samstag nach dem 15. September–Anfang Oktober) – Größtes Volksfest der Welt.

Oktober

München Marathon (Anfang Oktober) – Tausende Sportler laufen mit.
Lange Nacht der Münchner Museen (Mitte Oktober) – Nachtöffnung von fast 100 Museen.

Kettenkarussell auf dem Oktoberfest

November

Christkindlmärkte (Adventszeit) – U.a. Marienplatz und Münchner Freiheit.
Münchner Bücherschau – Event für Literatur-Liebhaber im Gasteig.

Nachtleben

Beliebte **Ausgehviertel** sind das Gärtnerplatz- und Glockenbachviertel, die Maxvorstadt und Au-Haidhausen. Bei gutem Wetter trifft man sich gerne **informell im Freien**, etwa an den Ufern der Isar (z. B. am Flaucher), am Gärtnerplatz, am Königsplatz, am Geschwister-Scholl-Platz vor der Uni oder sogar auf der Brücke über die Bahngleise an der Hackerbrücke.

Zahlreiche renommierte **Theater** finden sich in der Altstadt, rund um die Maximilianstraße. Für **klassische Konzerte** ist die Philharmonie im Gasteig die erste Anlaufstelle.

Die Feiermeile in der Innenstadt, am Altstadtring vom Maximiliansplatz bis zum Sendlinger Tor und bis in die Müllerstraße hinein, trägt den Spitznamen **Feierbanane**. Hier befinden sich zahlreiche der beliebtesten **Clubs** (Adressen S. 40). Sperrstunde ist in München mittlerweile nur noch zwischen 5 und 6 Uhr morgens, man kann also ausgiebig feiern.

Notfall

Wählen Sie in Notfällen immer die gebührenfreie europäische **Notrufnummer 112**. Unter dieser Nummer erhalten Sie Hilfe von der **Polizei**, der **Feuerwehr**, einem Rettungswagen oder einem **Notarzt**.

Notfallzentren an Krankenhäusern

■ www.klinikum-muenchen.de
■ Klinikum Schwabing (Haus 5, EG), Kölner Platz 1, Tel. 089/306 80
■ Klinikum Harlaching, Notfallversorgung für Erwachsene Zentrale Notaufnahme, Sanatoriumsplatz 2, Tel. 089/62 10 66 66
■ Klinikum Neuperlach (Haus A, Ebene 1), Oskar-Maria-Graf-Ring 51, Tel. 089/67 94 25 72
■ Klinikum Bogenhausen, Englschalkinger Straße 77, Tel. 089/92 70 21 51

ADAC Mitglieder können sich in Notfällen auch rund um die Uhr an den **Auslandsnotruf** des **ADAC** unter Tel. 089/22 22 22 wenden. In vielen öffentlichen Gebäuden, an belebten Plätzen und an zahlreichen Bahnhöfen befinden sich **Defibrillatoren**, die schon beim allerersten Auftreten Herzrhythmusstörungen beenden können.

Öffnungszeiten

Geschäfte und **Kaufhäuser** sind Mo–Fr von 9–18.30/20 Uhr geöffnet. Sa schließen kleinere Läden um 13 oder 14 Uhr, größere Geschäfte um 20 Uhr. Öffnungszeiten von **Banken** siehe Geld und Währung (S. 128).

Parken

Die Stadtbezirke Münchens sind in verschiedene Parkzonen unterteilt. Innerhalb des **Altstadtrings** gilt das sogenannte »Parkraum-Management«, das zur Nutzung der öffentlichen Verkehrsmittel animieren soll. Das Parken ist innerhalb des Altstadtrings an Werktagen zwischen 8 und 23 Uhr kostenpflichtig. Bis 19 Uhr beträgt die Parkgebühr 2,50 €/Std. Die Höchstparkdauer ist auf zwei Stunden begrenzt. Größere **Parkhäuser** gibt es am Hbf., am ZOB, am Karlsplatz/Stachus sowie vor der Oper (rund 12–30 €/Tag). An zahlreichen U- und S-Bahn-Stationen außerhalb der Innenstadt gibt es rund 12 000 günstigere **Park & Ride**-Parkplätze (www.parkundride.de).

Post

Große **Postfilialen** befinden sich u.a. am Hbf. (Bahnhofsplatz 1), in der Altstadt (Sattlerstraße 1), in der Leopoldstraße 57 sowie in der Orleanstraße 52. Briefmarken gibt es in allen Postämtern und an Automaten vor den Filialen. Das **Porto** für eine Standard-**Postkarte** nach Österreich und in die Schweiz kostet 0,90 €.

 ## Rauchen

Das Nichtrauchergesetz wird in Bayern sehr streng ausgelegt. In Restaurants, Kneipen und Bars ist das Rauchen verboten, abgetrennte Raucherzimmer gibt es nicht. Auch auf dem Oktoberfest gilt das Nichtraucherschutzgesetz. Davon sind auch E-Zigaretten nicht ausgenommen.

 ## Sicherheit

München ist eine der sichersten Großstädte weltweit. Wachsam sollte man dennoch in großen Menschenmengen sein, da diese auch Taschendiebe anziehen – z.B. beim Glockenspiel auf dem Marienplatz, auf dem Oktoberfest, den Weihnachtsmärkten und anderen Veranstaltungen.

 ## Sport

Zahlreiche **Grünflächen**, **Radwege** und die **Isar** bieten umfangreiche Gelegenheit für diverse Sportarten.

Bäder und Wassersport
Zahlreiche **Frei- und Hallenbäder** (www.swm.de) bieten Sport- und Freizeitmöglichkeiten. Die Freibadsaison beginnt am 1. Mai und endet am Montag nach den bayerischen Sommerferien. Außerdem laden zahlreiche **Badeseen** bei schönem Wetter zum Schwimmen, Bootfahren oder auch Aktivitäten wie Windsurfen oder Stand-up-Paddling ein.

Nicht nur ein touristisches, sondern auch ein sportliches Highlight sind die zwei stehenden Wellen, auf denen **Surfer** in München ihr Geschick beweisen können. Am Eisbach im Englischen Garten sowie an der Floßlände in der Isar, etwas außerhalb der Innenstadt im Süden, sind sie zu finden.

Fahrrad
München hat ein Herz für Radfahrer: Am Isarufer, in Parks und auf breiten Fahrradwegen können Sie auf Touren gehen. Routenplaner und Radwegelisten findet man z.B. unter www.bayern info.de/rad und www.isarradweg.de.

Fitness
In zahlreichen Grünanlagen, etwa in den Isarauen, im Südpark, im Ostpark, im Olympiapark sowie am Feldmochinger See stehen öffentliche Fitness-Parcours, auf denen man sich an Geräten trimmen kann. Vom 1. Mai bis 30. September gibt es zudem ein umfangreiches Outdoorsportprogramm in den Münchner Parks, vieles gratis.

Laufen
Jogger finden schöne flache Strecken entlang der Isar oder im Englischen Garten. Die hügelige Landschaft im Olympiapark ist perfekt für intensiveres Training, und der Perlacher Forst eignet sich für Trailrunning.

Skaten und Bladen
Inlineskater und Skateboard-Fans können sich in München austoben. Auf

der Theresienwiese z.B. bieten 1200 m²
Fläche reichlich Platz fürs Training (sofern sie nicht gerade für das Oktoberfest belegt ist). Die asphaltierte Straße
neben der mehr als 2 km langen Re-
gatta-Ruderstrecke im Münchner Norden wird von Skatern und Läufern
gerne genutzt. Auch der Olympiapark
ist bei Skatern beliebt, allerdings nicht
so eben wie die Theresienwiese.
In über 30 Skateparks kann man zudem seine Tricks üben, z.B. in einer
Fullpipe am Hirschgarten, am Feierwerk oder an der Fasanerie.

Stadtführungen

Neben den klassischen Stadtführun-
gen gibt es in München auch zahlreiche besondere Angebote, z.B. The-
menführungen wie »Jüdisches Leben
in München«, »Stadtrundgang moderne Architektur«, »Höfe, Winkel, Gassen
– München für Insider« oder eine Ge-
hörlosenführung. Informationen unter
www.muenchen.de/guides.
Weitere ungewöhnliche Perspektiven
bieten diese Touren:

Eat-the-world Zu gastronomischen
Häppchen in verschiedenen Lokalen
werden Informationen zur Geschichte,
Kultur und Architektur Münchens serviert. Tel. 030/206 22 99 90, www.eat-
the-world.com
Minga – Boarisch g'redt Kultig: Stadt-
führung auf bairisch, in fescher Tracht.
 Weißer Stadtvogel, Tel. 089/203
24 53 60, www.weisser-stadtvogel.de
MVG München Tram Von 3. Juni bis
3. Oktober werden in dieser speziellen
Straßenbahn Fakten und Geschichten
über München erzählt. Sa, So 11, 12, 13
und 14 Uhr ab Sonderhaltestelle Max-
Weber-Platz (Einsteinstraße). Karten-

verkauf vor Ort, www.mvg.de/services/
freizeittipps/muenchentram.html

Taxi

Mit ca. 2,5 Taxis pro 1000 Einwohner hat
München Deutschlands höchste Taxi-
dichte. Den schnellsten Weg wählen
die meisten Taxler einem Test des
ADAC zufolge auch. Taxi-Zentralen
sind Taxi-München eG (Tel. 089/216 10)
sowie IsarFunk (Tel. 089/45 05 40).

Telefon und Internet

Die digitale Infrastruktur ist in München sehr gut ausgebaut. An zahlreichen Plätzen in München ist das
Gratis-Angebot M-WLAN verfügbar,
mit dem man sich kostenlos ins Internet einloggen kann.
Die »Free Wifi«-Standorte – u.a. Marienplatz, Odeonsplatz, Karlsplatz/Sta-
chus und Sendlinger Tor – sind mit einem kleinen Schild gekennzeichnet. In
vielen Hotels ist zudem gratis WLAN
verfügbar.

Unterkunft und Hotels

Über 13 Mio. Besucher kommen jedes
Jahr nach München. Das Hotelange-
bot ist groß, und es kommen Jahr für
Jahr neue Häuser hinzu.

Camping
Besonders wenn zur Oktoberfest-
Saison die preiswerten Unterkünfte in
München rar sind, ist Camping eine
echte Alternative. Dann kommt zu-
sätzlich zu den regulär vorhandenen
Campingplätzen in Thalkirchen
(www.campingplatz-thalkirchen.de),
Obermenzing (www.campingplatz-
muenchen.de) und im Münchner

Norden in Allach-Untermenzing (www.campingplatz-nord-west.de) noch eine weitere große Fläche in München-Riem hinzu (www.oktober fest-camping.com). Eine von ADAC-Experten geprüfte Auswahl von Campingplätzen finden Sie im jährlich neu aufgelegten ADAC Campingführer Deutschland/Nordeuropa sowie im ADAC Stellplatzführer (www.camping fuehrer.adac.de).

Ferienwohnungen

Wer München aus der Perspektive der »Locals« erleben möchte und etwas persönlicher wohnen will, bucht eine Ferienwohnung. Die sind jedoch meist nur dann günstiger als ein Hotel, wenn es einem nichts ausmacht, dass der Gastgeber ebenfalls dort wohnt. Informationen bei Anbietern wie www. airbnb.de oder www.wimdu.de.

Hotels und Pensionen

Das Angebot an Hotels in München ist groß – vom Fünf-Sterne-Haus über Boutique-Hotels bis zur einfachen Pension. Zahlreiche Häuser befinden sich in der Innenstadt, v.a. um den Hauptbahnhof. Auch im Westen der Stadt, v.a. entlang der vom Hauptbahnhof Richtung Westen wegführenden Arnulfstraße haben sich in den letzten Jahren viele Hotels großer Ketten angesiedelt.

Jugendherbergen und Hostels

Das Deutsche Jugendherbergswerk betreibt in München zwei Jugendherbergen, in Neuhausen sowie in Thalkirchen, sowie drei weitere Häuser außerhalb: in Grünwald, in Possenhofen am Starnberger See sowie in Dachau (www.jugendherberge.de). Alleinreisende Erwachsene über 26 Jahre dürfen in Bayern nicht in den Jugendherbergen des Deutschen Jugendherbergwerks (DJH) übernachten. Internationales, junges Publikum trifft sich v.a. in Hostels wie The4You, A&O, Meiningers, Euro Youth oder Wombats.

Vergünstigungen

Die **München City Tour Card** dient nicht nur für die Nutzung des öffentlichen Personennahverkehrs in München, man profitiert auch bei zahlreichen touristischen Angeboten von Vergünstigungen. Erhältlich an Fahrscheinautomaten der MVG und der DB (Taste »Kombitickets«) sowie übers Internet (www.citytourcard-muenchen. com). Für einige Aktionen benötigt man ausgedruckte Coupons. Als Ein-Tages- (ab 11,90 €), Drei-Tages- (ab 21,90 €) oder Vier-Tages-Ticket (ab 27,90 €) erhältlich.

Wer eine Stadttour mit einem **Hop-on-Hop-off-Bus** plant, spart mit einer Online-Buchung im Voraus Geld (www.citysightseeing-muenchen.de). In den Pinakotheken und einigen anderen Museen kostet der Eintritt sonntags nur 1 €. Die Kunsthalle München bietet montags (außer an Feiertagen) 50 % Ermäßigung auf den Eintritt. In viele städtische **Museen** kommen Kinder und Jugendliche unter 18 Jahren grundsätzlich umsonst. Kinder, Schüler und Studenten erhalten in vielen **Theatern** Ermäßigungen.

Einmal im Monat gibt es in der **BMW Welt** einen Familiensonntag mit besonderen Aktionen und vergünstigtem Eintritt. **Coupons**, etwa zum Sparen bei einer Stadtrundfahrt, einer Rafting-Tour auf der Isar oder einer kulinarischen Führung über den Viktualienmarkt, findet man auf www.grou

pon.de. **Geburtstagskinder** (auch Erwachsene) erhalten oft freien Eintritt, etwa im Tierpark Hellabrunn, in den Bavaria Filmstudios, in den Schwimmbädern der Stadtwerke sowie bei der Auffahrt zum Olympiaturm.

Verkehrsmittel in der Stadt

Öffentliche Verkehrsmittel

Der öffentliche Nahverkehr ist in München sehr gut ausgebaut und wird ständig erweitert, u.a. gerade durch den Bau der zweiten S-Bahn-Stammstrecke. Die Bauarbeiten sollen 2026 abgeschlossen sein. Kompliziert ist für Besucher nur die Ticketstruktur, da das Netz in verschiedene Zonen unterteilt ist. Ab 2018 soll im Münchner Nahverkehr ein neues Tarifsystem eingeführt werden. Zurzeit kostet ein Einzelticket 2,80 €, mit Tages-, Wochen- oder Streifenkarten fährt man meist günstiger. Einige Tickets müssen an der Haltestelle (U-/S-Bahn) bzw. im Fahrzeug (Tram/Bus) entwertet werden (Aufdruck beachten). Die Servicestellen des MVV am Hbf., Marienplatz und Ostbahnhof informieren, welches Ticket am günstigsten ist (www.mvv-muenchen.de). Bei den meisten Fahrkartenautomaten in Bussen und Tram-Bahnen ist nur Barbezahlung mit Münzen möglich. Über die Apps von MVG und MVV gibt es auch Tickets.

Fahrrad

Fahrräder sind eines der wichtigsten Verkehrsmittel in München, das Radwegnetz ist sehr gut ausgebaut. Informationen findet man im »Radlstadtplan«, kostenlos u.a. beim Allgemeinen Deutschen Fahrradclub ADFC in der Platenstraße 4 erhältlich, sowie unter http://maps.muenchen.de/rgu/radl

stadtplan. Achten Sie als Fußgänger darauf, Fahrradwege nicht zu blockieren, um Unfälle zu vermeiden. Viele Hotels bieten einen Fahrradverleih, mieten können Sie auch z. B. bei Mike's Bike Tours, Kanalstraße 17 (Nähe Isartor). An zahlreichen Nahverkehrshaltestellen sowie zentralen Punkten in München stehen mittlerweile auch Räder des Mietradsystems MVG-Rad. Für deren Nutzung ist die Anmeldung über die kostenlose App »MVG more« erforderlich. Weitere Informationen unter www.mvg.de/services/mobile-services/mvg-rad.html.

Mietwagen und Carsharing

In München sind alle internationalen Mietwagen-Anbieter präsent. Für Mitglieder bietet die **ADAC Autovermietung** günstige Konditionen an. Buchen kann man im Internet (www.adac.de/autovermietung), in allen ADAC Geschäftsstellen oder unter Tel. 089/76 76 20 99.

Vertreten sind auch die aktuellen Carsharing-Modelle von car2go (www.car2go.de), DriveNow (www.drive-now.com), Flinkster (www.flinkster.de) und StattAuto (www.statt-auto-muenchen.de).

Zollbestimmungen

Reisende aus **EU-Ländern** dürfen Waren abgabenfrei mit nach Hause nehmen, sofern diese für den privaten Gebrauch bestimmt sind. Bürger aus der **Schweiz** dürfen Waren im Wert von 300 SFr für den privaten Gebrauch mit zurück in die Heimat bringen. In beiden Fällen gelten jedoch Grenzmengen, die berücksichtigt werden müssen (www.zoll.de, www.bmf.at/zoll, www.zoll.ch).

Die Geschichte Münchens

1158 Die Stadt, gegründet durch Heinrich den Löwen, wird als »forum apud munichen« erstmals urkundlich erwähnt.

1294–1347 Unter Ludwig IV. der Bayer – erst Herzog, dann König, schließlich Kaiser – gewinnt München an Bedeutung.

1505 München wird Hauptstadt von Bayern.

1679–1726 Kurfürst Max II. Emanuel muss von 1706 bis 1714 ins Exil. Nach seiner Rückkehr steigt die Münchner Kunst unter französischem Einfluss zu europäischem Rang auf.

1726–45 Unter Kurfürst Karl Albrecht erlebt München eine große Zeit der Rokoko-Hofkunst.

1777–99 Kurfürst Karl Theodor eint Bayern und Pfalz. Ab 1789 lässt er den Englischen Garten anlegen.

1799–1825 Kurfürst Max IV. Joseph verbündet sich 1805 mit Napoleon I. und wird 1806 zum König Max I. Joseph gekrönt.

1810 Erstes Oktoberfest zur Hochzeit des Kronprinzen Ludwig mit Therese von Sachsen-Hildburghausen.

1825–48 König Ludwig I. macht München zur Kunstmetropole. Es entstehen u.a. Ludwigstraße, Königsplatz und Alte Pinakothek.

1864–86 Unter Ludwig II. blühen Kunsthandwerk und Musikleben der Stadt.

um 1900 München wird einer der Mittelpunkte des Jugendstils. Literaten wie Thomas Mann, George, Rilke, Wedekind u.a. leben in München.

1923 Hitler-Putsch im Bürgerbräukeller.

Im Dritten Reich München ist eine der Hochburgen der NSDAP. Widerstandskämpfer wie Georg Elser und die »Weiße Rose« treten gegen das Regime ein.

1944 Bombenangriffe zerstören große Teile der Stadt.

1945 Befreiung Münchens durch amerikanische Truppen.

1957 München knackt die 1-Mio.-Einwohner-Marke.

1958 In Garching geht der erste Atom-Reaktor Deutschlands in Betrieb.

1972 Olympische Sommerspiele in München, überschattet vom Terroranschlag auf die israelische Mannschaft.

1992 Eröffnung des Flughafens Franz Josef Strauß.

1993 Christian Ude von der SPD wird erstmals zum Oberbürgermeister gewählt. Er bleibt bis 2014 im Amt.

2005 Die Allianz Arena im Norden Münchens wird eröffnet.

2014 Dieter Reiter (SPD) wird neuer Oberbürgermeister.

König Ludwig I. im Krönungsornat auf einem Gemälde von Joseph Karl Stieler

Perfekt für unterwegs.
Die Stellplatzsuche – kurz und gut.

■ Über 6.800 Wohnmobil-Stellplätze in 37 Urlaubsländern – jetzt in zwei Bänden ■ ADAC Klassifikation mit 5-Sterne-Gesamtbewertung ■ Bis zu 200 Detailinformationen pro Stellplatz ■ Mit zwei Planungskarten und GPS-Koordinaten ■ Mit ADAC CampCard.

Überall, wo es Bücher gibt, und beim ADAC.

www.adac.de/shop

Alle Blickpunkt-Themen in diesem Band:

Register

Bildnachweis

Titel: Frauenkirche in der Münchner Altstadt
Foto: **Adobe Stock** (euregiocontent)

Impressum

Herausgeber: GRÄFE UND UNZER VERLAG GmbH, Postfach 86 03 66, 81630 München
Leitender Redakteur: Benjamin Happel
Autorin: Ischta Lehmann
Verlagsredaktion: Gernot Schnedlitz (verantw.), Nora Köpp, Katja Tegler, Nadia Turszynski
Lektorat: Anne Köhler
Satz: Intermag GmbH, München
Bildredaktion: Tobias Schärtl
Schlusskorrektur: Dr. Maria Ponholzer
Reihengestaltung: Eva Stadler
Kartografie: Kunth Verlag GmbH & Co. KG, München
Herstellung: Mendy Willerich
Druck: Drukarnia Dimograf Sp z o.o. (Polen)

Ansprechpartner für den Anzeigenverkauf:
KV Kommunalverlag GmbH & Co. KG, MediaCenter München, Tel. 089/928 09 60

ISBN 978-3-95689-350-6
2., unveränderte Auflage 2018

© 2018 GRÄFE UND UNZER VERLAG GmbH, München
ADAC Reiseführer Markenlizenz der ADAC Verlag GmbH & Co. KG, München

Leserservice
adac@graefe-und-unzer.de
Tel. 00800/72 37 33 33 (gebührenfrei in D, A, CH)
Mo–Do: 9–17 Uhr, Fr: 9–16 Uhr

Bei Interesse an maßgeschneiderten B2B-Produkten:
veronica.reisenegger@graefe-und-unzer.de

Ein Unternehmen der
GANSKE VERLAGSGRUPPE